浮 気 な 心 に
終わらない旅を

社会学的思索への誘惑

中 根 光 敏

浮気な心に終わらない旅を——社会学的思索への誘惑

prologue

社会学的思索への誘惑

思い返してみれば、物心ついた子どもの頃から、幾度となく考えてきたような気がする。折りに触れて思い出したように思考を繰り返してはみるものの、いつも明確な結論に至ることができない。あるいは、意識的／無意識的に考えるのを避けてきたのに、不意に脳裏を掠めていく。他人から「そんなこと考えても仕方がない」と諭されるだけでなく、自分自身でも「もうこれ以上考えまい」と一旦は諦めてみても、気がつくと、やっぱり納得できないで堂堂巡りしている。

人間誰しも、そんな課題をいくつも抱えて生きているのではないだろうか？

本書は、私自身がこれまで堂堂巡りしてきた四つの課題――「ウソ」「恋愛」「性の商品化」「自由」――を、社会学的に考察したものである。


社会学は、人間社会で繰り広げられている出来事や事件に関して、とにかく「知りたい」という衝動から始まる学問である。知ってどうするのか、知ってどうなるのか、ということは、この「知りたい」という衝動とは関係ない。実際、知ることによって、何かが変わることもあれば、何も変わらないこともあるし、何か役に立つこともあれば、何も役に立たないこともある。

けれども、「知る」ということが、いつでも一方通行であることを忘れてはならない。知ってしまえば、知らなかったところまで、決して引き返すことはできない。だから、人は、時々「知らなければよかった」と悔やむが、後の祭りである。

そう、社会学への衝動は、どこからか微かに聞こえてくる祭り囃子に誘い出されてしまうような感覚に似ているかもしれない。祭りへと出掛けていくかどうかは、自分次第である。平穏無事な日常生活を続けていきたいのであれば、のこのこと祭りなんぞに出掛けていく必要はない。それでも、自分自身の中からもう一人の自分が現れ、平穏な日常を捨て、祭りへと旅立つよう唆《そそのか》すとき、社会学的思索が始まる。

本書は、初めて社会学という学問に接する人たちにも理解できるように書かれているが、学問的な基礎知識の体系を網羅したような一般的な社会学のテキストや入門書ではない。また、本書が常識的な社会学と一線を画しているのは、タイトルを見ても分かるだろう。本書が社会学的思索へと誘惑したいのは、日常生活に疑問を感じている人、退屈なルーティンに飽き飽きしている人、現在の自分に納得できない人、今の社会に生きにくさを感じたり不満がある人などなど……、とにかくもっと別な自分や社会のあり方があるのではないかと思っている人たちである。

本書の構成を記しておこう。

本書は、「ウソ」「恋愛」「性の商品化」「自由」をテーマとした四本の独立した章（chapter）とコラム（column）とで構成されている。読者には、どの章から読み始めてもらっても構わない。けれども、それぞれのコラムは、各章に対応するように書かれているので、できれば、章を読んだ後に、それに対応するコラムへと読み進めてほしい。

本書に収められている章とコラムは、全て本書のために書き下ろしたものである。それぞれのテーマが関連しているかどうかは、読者の判断に委ねるほかない。ただ、四つのテーマに関して共通しているのは、いずれもここ数年間、私が口述で講じてきた課題だということである。

「chapter 1　ウソつきは社会の始まり」は、ある大手予備校が受験生向けに企画したイベントで話した内容を基礎としている。

「chapter 2　恋愛のアウトサイド」は、高校生向けのオープンキャンパスで、一八歳未満限定版として模擬講義を行なったものを基礎としている。

「chapter 3　「性の商品化」をめぐるポリティクス」は、大学で担当している教養科目の講義で話してきた内容を基礎としている。

「chapter 4　自由への賛歌／惨禍」は、社会人向けに企画された公開講座での講演を基礎としている。

もちろん、いずれの章も、当初の原形をとどめてはいない。けれども、それらに共通しているのは、人々を社会学的思索へと誘惑するために選ばれたテーマだということである。

目次

浮気な心に終わらない旅を——社会学的思索への誘惑

Chapter 1
ウソつきは社会の始まり

　思い出すだけでも胸糞が悪いが、小学校の三年ぐらいのとき、私には作文（当時は綴り方と言ったが）がまったく書けなくなってしまったことがあった。どうしてかというと、当時の文部省の教育方針だか何だか知らないが、教師が目を吊り上げて、やたらに「ほんとうのことを書くのですよ。嘘を書いてはいけませんよ」と繰り返したからである。べつだん、こっちが悪いことをしているわけでもないのに、それは何か脅迫されているような感じでさえあった。（中略）

　嘘の真実。それはワイルドよりもずっと後に私が知った、ジャン・コクトーの説くところでもあった。書かれた途端に真実になる嘘もあれば、逆にまた、書かれた途端に嘘になる真実もある。何ごとであれ、私たちにそれを真実と

思わせるのは、文章の力のみであって、それ以外の何ものでもないからだ。［澁澤、一九七八→一九九四、二六九〜二七一頁］

1　毎日が四月馬鹿《エープリル・フール》！

誰もが子どもの頃、身近のおとなたちから「ウソをついてはいけませんよ」と教えられた経験をもっているだろう。けれども、年長者から「もっとおとなになれよ」と言われたことはないだろうか？

そうした忠告が暗に意味しているのは、「もっと上手にウソをつきなさい」とか「ウソと気づいても気づかないふりをしなさい」とかいうことだったりする。

一般常識では、「ウソをつく」という行為は、人間の行為として望ましくないものとされている。けれども、もし「私はこれまでウソをついたことはありません」と真顔で飄々と言ってのけるような人がいたら、その人は「大嘘吐き」に違いない。

当たり前のことだが、人間誰しもウソをついたり、ウソをつかれたりした経験をもっている。ちょっと身のまわりを見渡せば、私たちの社会は、ウソで溢れている。

著名人の名前を語った詐欺、電力会社の原発事故隠し、大手食品会社の不正、政治家の学歴詐称、警察など官庁の不祥事隠蔽等々……。マスメディアの情報からは、いつだってウソネタが尽きることはない。

また、特別な人たちや特殊な組織だけがウソをつくとも限らない。そう、誰だってウソをつくのだから、あなたも私もウソをつく。これまでも、そして、これからも……。だから、私たちは、人間社会に生きている限り、決してウソから逃れることはできない。

それでは、ウソが一般に望ましいものとは思われていないにもかかわらず、どうして人間誰しもウソをつくのだろう。

国語辞典（『広辞苑（第五版）』岩波書店）では、ウソという言葉は以下のように説明されている。

うそ（嘘）

①真実でないこと。また、その言葉。いつわり。「－が露見する」

②正しくないこと。「－字」

③適当でないこと。「今やめるのは－だ」

さらに、成句として「嘘から出たまこと」「嘘で固める」「嘘も方便」「嘘を言え」が紹介されている。これら四例の中で「嘘から出たまこと」と「嘘も方便」は、ウソに対して、必ずしも否定的な意味でだけ用いられているわけではない。とくに、「嘘も方便」は、「ウソをつかなければならない場合もある」という意味で用いられる。

実社会ではどうだろうか?

私たちの身のまわりに限っても、ウソは、面白いほど多様な姿で現れる。「上手いウソ／下手なウソ」「小さなウソ／大きなウソ」「無害なウソ／有害なウソ」「他人をいたわるウソ／他人を傷つけるウソ」「個人的なウソ／組織（集団）的なウソ」「楽しいウソ／不愉快なウソ」「本当みたいなウソ／嘘臭いウソ」……。思いつくままランダムにあげてみても、キリがない。そしておそらく、人間誰しも、自分のモラルに照らして、「ついていいウソ／ついてはいけないウソ」を判断して使い分けているだろう。だから、多くの人たちは、他人をいたわるためにウソをつくのはしかたがないと考えるし、また、無害で楽しいウソなら、場を盛り上げるために必要だとさえ思っている。

時と場合によって、ウソは、騙される側から希求されることさえある。「上手く騙して欲しい」「騙し続けて欲しかった」「分からないようにウソをついて欲しい」と思ったことはないだろうか?

実際、多くのポピュラーソングの歌詞には、同様のフレーズがよくでてくる。事実や真実を知りたいと思う一方で、人間には、知りたくない事実や真実もある。つまり、人間は、事実や真実を知ることで、立ち直れなくなるほど傷ついてしまうことがある。だから、人間は、誰かを傷つけないために、ウソをつくことがある。その誰かは、他人かもしれないし、時には、自分自身かもしれない。ただ、実際には、「誰を傷つけたくないのか」が曖昧なまま、ウソをつくケースは、意外に多い。たとえば、「他人を傷つけたくないから」という理由を自分自身に無理矢理納得させてウソをついたはずなのに、その実は「自分が傷つきたくないからウソをついたのではないか？」と思い悩んだり、あるいは、ウソをついたことへの後ろめたさから逃れるために、都合のいい理由や動機を捏造して、「自分自身にウソをついているだけではないのか？」という自己疑念に囚われるような経験は、誰にでもある。

ここでは、人間社会において、ウソが、必ずしも否定的にだけ用いられているわけではない、という当たり前のことを確認しておきたい。つまり、無害なウソや罪のないウソが許容されるのは、四月一日だけに限ったわけではない。私たちの社会では、毎日が四月馬鹿《エープリル・フール》なのだ。

2 ウソの社会学的定義

清水幾太郎は、虚言に関して、以下のように述べている。

虚言を廣く解すれば、自己が眞實と思わぬ事柄を眞實と思つてゐるかの如く他人に語ることを意味するであらうし、これを狹く解すれば、それが同時に自己の利益と他人への損害とを結果する場合のみに限られるであらう。〔清水、一九三七、八二～八三頁〕

通常、前者が「広義のうそ」、後者が「狭義のうそ」の社会学的定義とされている〔井上、一九八二、四頁〕。興味深いのは、清水が「他人への損害」を「狭義のうそ」とあえて付け加えているにもかかわらず、すぐに次のように続けていることである。

ところで虚言が社會生活に於いて破壞的な機能を有すると言つたが、これに劣らず破壞的な作用を營むものは眞實を語ることである。甲と乙との關係に於いて甲が乙に向かつて乙に對する自分の眞實の感想なり批評なりを語り、逆に乙が甲に向かつて同じく眞實の氣持を語ることがあるとしたならば、それは二人の關係の終ることを意味するのが通例である。人間と人間の間に圓滿な平和が支配するのは兩者が相互に虛言を言つてゐるからである。（中略）人間の世界に於ける平和は眞實より寧ろ虛言に依つて支えられていると言ふことが出來る。［清水、一九三七、八三頁］

清水が言うように、もし、自分が感じたり思ったりしたことを、全てありのまま言葉に出してしまい、相手もそうしたならば、通常の人間関係は成り立たないであろう。実際、相手の言ったことにウソだと気づいても、「それは嘘だ」と指摘してはならないケースは、歳を重ねれば重ねるほど多くなる。そして、このように騙されたふりをするのも、相手の言っていることを信じているかのようなふりをして、相手を欺いているに違いないのだから、ウソをついていることになる。

だから、人間は、言葉だけでウソをつくわけではない。

磯部卓三は、清水の「広義のうそ」定義をさらに洗練させている。

ここでは嘘を、当事者自らの意識するリアリティと表現との間に意図的につくりだす一種のずれと考えておくことにしよう。単にずれという点では、秘密も同じである。いずれも、当事者が意図的につくりだすずれであるが、秘密が単に意識するリアリティを他者に隠すのにたいして、嘘は「別物」をもってかえるところに相違がある。その点で、一般的にいえば、嘘のほうが秘密よりも大きな効果をもつといえるかもしれない（嘘にたいする社会的制裁の強さと秘密にたいする社会的制裁の強さとの一般的相違はたぶんそのことに由来するのであろう）。しかし、ここでは、意図的につくりだされたずれそのものが重要であるから、両者の細かい区分は不要であろう。［磯部、一九七五、七四～七五頁］（傍点原文）

磯部による定義は、ウソをつくという行為が、必ずしも言葉だけに限られないことを補っている。実際、言葉でウソをついて相手を騙す場合であっても、私たちは、たいてい、ウソがそれと見破られないように工夫する。磯部の定義を、もう少し平易にあらわすとすれば、ウソとは、そう思っていることをそう思っていないかのように（あるいは逆に、そう思っていないことをそう思っているかのように）表現する人間の行為である、ということになるだろう。こうした定義にしたがえば、秘密のように、あえて意図的に何かを「隠す」（言わなかったり、表現しなかったりする）ということも、ウソの概念に含めて考察することができる。

ところで、井上俊は、「広義のうそ」と「狭義のうそ」に加えて、「最広義のうそ概念」として「うそ現象」を指摘している。

常識的なうそ概念をもっと拡張することもできる。つまり、ごまかし、にせもの、演技・演出、馴れ合い、つくりごと（フィクション）などをも、うそのカテゴリーのなかにふくめて考えるわけである。この最も広義のうそを、ここではかりに「うそ現象」と呼んでおこう。［井上、一九八二、三頁］

井上の言うような「うそ現象」にまで、ウソ概念を拡張して考えていくと、「人間社会や文化そのものがウソなのだ」という根源的な次元に到達することになる。つまり、人間によって創造された「自然の対立物」である文化こそ、ウソの根源であり、人間社会そのものがウソ現象ということになる。

ある種のうそなくしては私たちは生きてゆけないだろうし、私たちの社会生活も成り立たないだろう。うそが遍在し、さまざまの機能を果たしているという事実

は、それが人間および社会の本性に深く結びついたものであることを暗示しているように思われる。〔井上、一九八二、二頁〕

ウソが人間社会の本性に結びついているのは、それが人間社会に固有の現象だからである。「人間以外の生物もウソをつくだろう」と思うかもしれない。確かに、生物の行動を記録した映像資料などを見ると、あたかもその生物がウソをついているかのように見える場合がある。たとえば、変身蛸《へんしんだこ》と呼ばれるタコの一種は、ウミヘビや魚や海草など様々なものに変身して、生命の危険を回避したり、餌をとったりする。こうした変身は、擬態と呼ばれるもので、変身蛸に限らず、多くの生物に同様に見出せる行動である。けれども、人間以外の生物は、自然の摂理にしたがって、予め本能にプログラミングされた行動をしているだけである。こうした擬態が、ウソのように見えるのは、人間の側がそう解釈しているからにすぎない。

ウソ概念を根源的な次元にまで拡張して考えれば、ウソとは、意味を必要とし、シンボルを使用する人間社会に固有の現象である。もちろん、一般的にウソと呼ばれる現象は、多くの場合、こうした根源的次元を含んではいない〔井上、一九八二、三頁〕。けれども、スーパーで売られている「天然物の魚」のほうが「養殖物の魚」よりも価値が高いと思ってしまうのは、天然物が稀少だからだけではないし、ましてや味が良質だからでもない。それは、「養殖」という人為的な産物に何となく「偽物」という価値付けをしてしまうからでもある。そして、ウソ概念を根源的な次元から考えると、ウソは、いずれにしても人間の恣意的な解釈によって構成される現象である、と言える。

3　ウソとマコト

U・エーコは、以下のように述べている。

記号論の立場から言うならば、ピーナッツとピーナッツ・バターの間には何ら実質的な差はない一方、他方で／ピーナッツ／と／ピーナッツ・バター／という語の間にも実質的な差はないということである。記号論は記号として捉えられうるすべてのものを対象とする。すべて他の何かに対して代用をつとめていると解しうるものは、記号である。ここで言う何かは別に存在している必要もないし、記号がそれの代用をつとめる時点において、現にどこかに存在していなければならないということもない。したがって、記号論とは原則的に言えば、嘘を言うために利用しうるあらゆるものを研究する学問である。嘘を言うのに使えないようなものがあれば、それは逆に真理を伝えるために用いることもできないわけである。事実、何かを「伝える」ということのための使用は不可能になる。［Eco,1976=1980a:7-8］（傍点原文）

こうしたエーコの記述に拠りながら、亘明志は「ウソの恣意性」と「嘘と誠の相補性」を指摘している。

人間にあっては、嘘と誠は恣意のうちにある。嘘をつくこともできるし、そうしないこともできる。けれども、もし本当のことを言う手段がないとすれば、あるいはそもそも本当のことがないのだとすれば嘘もつけないだろう。本当のことを言うための手段は、嘘をつくためにも用いることができる。嘘をつくために使えない手段は、本当のことを言うためにも使えない。その意味で、嘘と誠は相補的である。
［亘、一九八六、i頁］

こうした記号論的な視点をとれば、ウソとマコトは、コインの表裏のようなものであり、その限りにおいて、ウソという意味が表に出現するためには、マコトや真実が必ずその裏側に存在していなければならない。たとえば、変身蛸の擬態を見て、ウソをついていると思う人は、変身蛸の「真（本来）の姿」を知っていなければならない（正確に言うならば真の姿を知っていると自分自身で確信していなければならない）。逆に変身蛸の「真の姿」を知らない人は、擬態を見てもウソと思わないだろうし、そもそも擬態を擬態として認識できないはずである。

私たちは、「言葉にできない」とか「言葉にすればウソになる」という類の表現を時々耳にすることがある。こうした表現がしばしば用いられるのは、自分自身の気持ちや感情や心の内を言葉で表現することが難しいからである。まして、人間の内面の深い次元にかかわることであればあるほど、それらを正確に言い表したり、完全に言葉で表現することは、困難なだけでなく、不可能でもある。★01 こうした場合、本当のことは言葉にできないのだから、それを言葉にすればウソになるわけである。

★01　上手く言葉にできない自分の内面を無理矢理言葉で言い表すことによって、それまで自分自身でも曖昧で不明瞭なまま理解できなかったものが、奇妙なほどすっきりと納得できた、というような不思議な経験をしたことはないだろうか？

4 ウソは解釈によって構成される

井上の「うそ現象」や亘の記号論的な「嘘と誠の相補性」のように、根源的な次元にまで、ウソ概念を拡張して考えてみると、一般的にウソと呼ばれる現象をとらえるために考案された清水や磯部による「広義のウソ／狭義のウソ」という従来の社会学的なウソ概念は、コインの表裏の片側しか射程に入れていないように思われる。つまり、ウソ現象を、「ウソをつく」側からしか捉えていないのである。

こんな経験をしたことはないだろうか？

●自分では全くウソをついたつもりはないのに、「嘘吐き」と罵倒される。

●敢えて意図的に隠そうとしたのではなく、ただ言わなかっただけなのに、そのことに対して「ウソをついた」と詰《なじ》られる。

●騙されているとは全く思っていないのに、「あんた、あいつに騙されてるよ」って忠告される。

ウソをついたという自覚がないのに「嘘吐き」にされてしまったり、ウソをつかれたという意識がないのに「騙された人」にされてしまうようなことは、私の周りでも頻繁に見られる現象である。こうした場合には、ウソをついた自覚のない行為主体やウソをつかれた（騙された）自覚のない行為の客体にいくら焦点をあててみても、ウソ現象はみえてこない。

一般に、自己否定の論理★02として知られる実存主義を提唱したJ‐P・サルトルは、虚偽について以下のように述べている。

> 虚偽は一つの否定的な態度である。（中略）虚偽の本質には、嘘をつく当人が完全に事実を知りぬいていながら、それをいつわっている、ということがふくまれている。われわれは自分が知らないことについて嘘をつきはしない。自分自身があざむかれていることに気づかずにその誤りを人に伝えるとき、われわれは嘘をついているのではない。自分で間違っているとき、われわれは嘘をついているのではない。したがって、嘘をつく人の理想は、自分では真実を肯定しながら、自分のことばにおいてはそれを否定し、さらに自分自身に対してはこの否定を否定する、そういうシニックな意識であるといえよう。［Sartre,1943=1999:118-119］

★02　サルトルの思想が自己否定の論理と呼ばれる所以は、たとえば、以下のような記述に認められる。
「人間存在は、単に世界の中に否《いな》性をあらわれさせる存在であるばかりではなく、自己に対して否定的態度をとりうる存在でもある。」［Sartre,1943=1999:117］

サルトルが言うように、人間は自分が知らないことについて、嘘をつくことはできないし、自分が欺かれていることに気づかずにその間違いを他者に伝えても、嘘をついたことにはならない。★03 少なくとも、本人の自己了解においては、確かにそう言えるだろう。けれども、欺かれた人間がそれと気づかずにもたらした偽情報を受け取ることによって、さらに騙された人間にとっては、必ずしもそうだとは言えないだろう。

偽情報を伝えた人物が「欺かれたことを知らずに間違いを自分に伝えたのだ」ということを了解しなければ、「その人物が嘘吐きではない」という認識は成り立たない。すなわち、サルトルが「自分自身があざむかれていることに気づかずにその誤りを人に伝えるとき、われわれは嘘をついているのではない」と断言する際、既に、サルトル自身は「自分が欺かれたということ」を知っている（もしくは確信している）のである。そして、サルトルと同様に「知っている＝確信している」という地点に立ってはじめて、「われわれは嘘をついているのではない」という認識は可能となる。

だからサルトルは、虚偽が成立する前提を以下のように指摘している。

> 虚偽は、私の存在、他人の存在、他人にとっての私の存在、および私にとっての他人の存在を前提としている。それゆえ、嘘をつく人ははっきり知っていて虚偽

の企てをなすのでなければならないし、また彼は、虚偽と、自分が害う真実とについて、完全な了解をもっているのでなければならない、ということは容易に考えられる。原理的な不透明さが、自分の意図を他人に対しておおい隠してくれさえすればいいのであり、他人が虚偽を真実ととりちがえてくれさえすればいいのである。虚偽という事実によって、意識が肯定するのはつぎのことである。すなわち意識は、その本性上、他者に対して隠されたものとして存在する。また、意識は、私と他者の私との存在論的二元性を、自分のために利用する。[Sartre,1943=1999:120]（傍点原文）

ウソをつく側からして、虚偽が成立するためには、単に「私」と「他人」が存在するだけでなく、「他人にとっての私」と「私にとっての他人」の存在を必要とする。「他人にとっての私」とは、他者に対して隠されたものとしての意識を持った存在であり、「私にとっての他人」とは、虚偽を真実ととりちがえてくれる存在である。前者が真実を知りながらそれを偽るのに対して、後者はその偽りを偽りと気づかずに騙される。確かに、こ

★03　たとえば、虚聞、デマ、流言蜚語などが社会現象として広まっていく際には、多くの場合、欺かれた善意の他者がそれらのメッセージを媒介している。パソコンのメールでよくある「ウィルスに感染したメールを送ってしまったので、至急、ウィルスを削除する作業をして下さい」という類の偽メッセージは、全く知らない人からのものであれば、直ぐにチェーン・メールの一種だと気づいても、知人からのものであれば、チープな偽メールに惑わされてしまうこともある。こうした場合、欺かれたことを知らずにメッセージを媒介した当人は、自分がウソをついたと思わないだろう。また、欺かれたことを知らずに偽メッセージを媒介した人間は、その偽メッセージが偽りだと気づかないままであれば、ただ、欺かれたままであり、「騙された」「欺かれた」とも思わない。

の場合、前者＝ウソをつく主体からは、ウソが成立していると認識できる。けれども、後者＝騙された者には——騙されたことに気づくまで——それをウソとして認識することはできない（なぜなら、騙されたままであればウソに気づきえないのだから……）。だから、後者にとっては、騙されたことに気づいてはじめて、ウソがウソとなるのである。そして、前者と後者とのウソ認識には、明らかに時間差が存在している。

ここまでサルトルに拠りつつ少々込み入った考察をしてきたのは、「ウソはいずれにしても恣意的な解釈によって構成される」という極めてシンプルな結論を引き出したかったからである。こうした視点をとることによって、ウソ現象をめぐる相互作用図式が浮かび上がってくる（次頁図参照）。ウソをつく人／騙される人（ウソをつかれた人）／観察する人、それぞれがウソと解釈することによって、ウソ現象は生起する。そして、三者それぞれによるウソという解釈が一致することもあれば、先にあげたように、ウソをついたという自覚がなくても「嘘吐き」と罵倒されたり、騙されていると思っていないのに「騙されている」と忠告されたりするように、三者それぞれの解釈が全く一致しないような場合もある。そして、ある特定のウソ現象を社会学的に解読しようとする研究者は、この図式自体を解釈する地点に立つことになる。さらに、現実のウソ現象をめぐる相互作用では、三者がそれぞれ単一の個人に限られるようなケースは稀であることから、ウソが構成される相

ウソ現象をめぐる相互作用図式

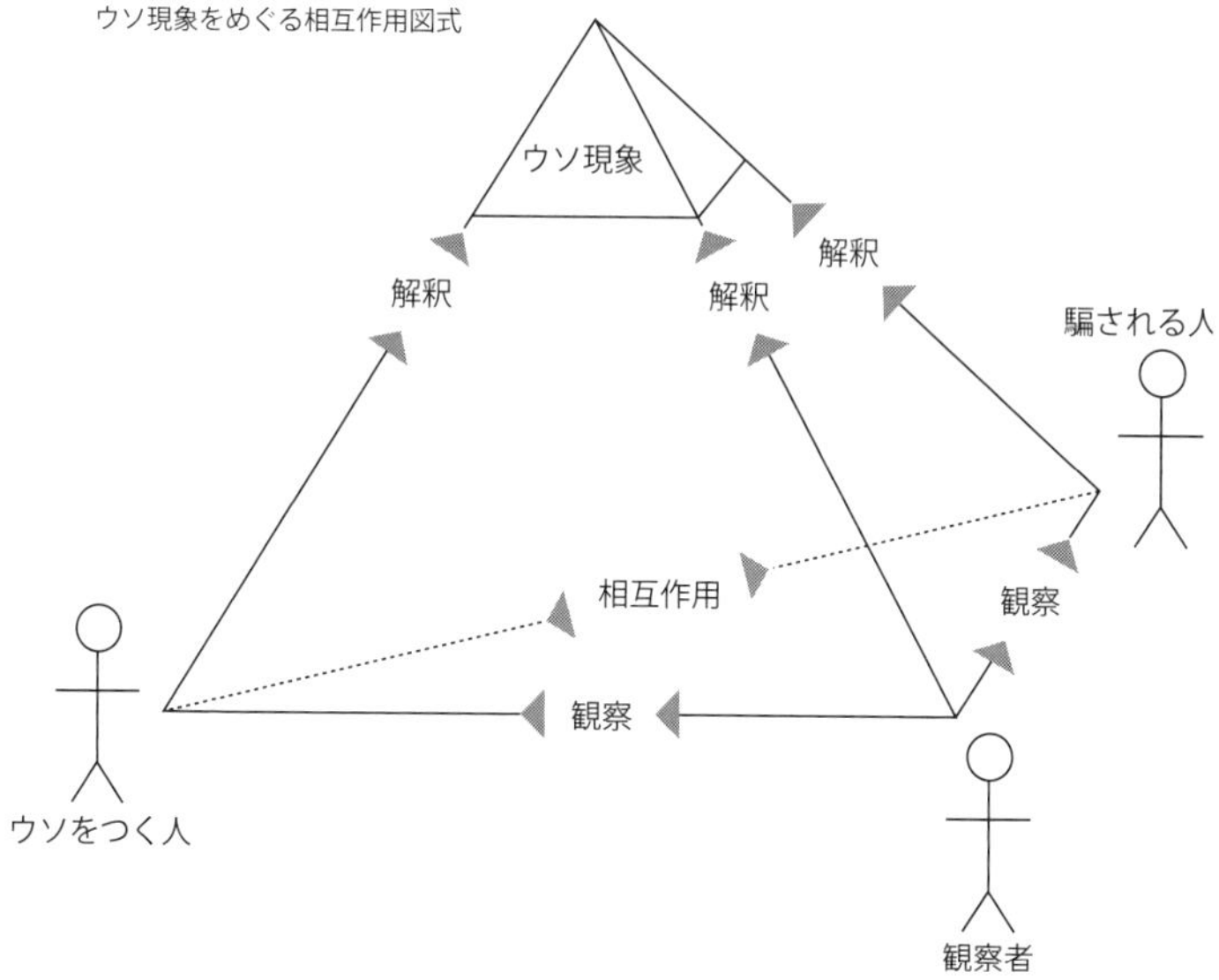

互作用のプロセスはかなり複雑に入り組んでいる場合も少なくない。ウソ現象を社会学的に解読する際の問題については、後でもう一度取り上げることにしよう。

5　信じる者は騙される

騙される者は、原則としてウソをウソではなく真実と信じていなければならないし、(ウソをウソではなく)真実と信じたうえで、「信じたことが誤りであった」ことに気づいた後、一旦は真実として信じたことを「騙された」と否定する。ここで、重要なのは、騙されるためには、一旦信じなければならないということである。つまり、人間は、信じることなしに、騙されることはない。

G・ジンメルは、信頼に関して、実に興味深い記述をしている。

> 信頼は、実際の行動の基礎となるほどに十分に確実な将来の行動の仮説として、まさに仮説として人間についての知識と無知とのあいだの中間状態なのである。完全に知っている者は信頼する必要はないであろうし、完全に知らない者は合理的にはけっして信頼することができない。［Simmel,1908=1994a:359］（傍点原文）

おそらく、一般のウソ現象の多くは、ジンメルの言う「知識と無知とのあいだの中間状態」で生起するものだろう。人間は、いつも完全に事実や真実を知っているわけではないし、また、全くの無知で居続けることも難しい。「どこまでがホントのことで、どっからがウソなのか」というような曖昧さは、何も週刊誌やワイドショーの暴露ネタに限ったことではない。よくよく考えてみれば、私たちの身辺で日常的に起こっている事柄だって、同じようなものだろう。それにもかかわらず、一般社会で多くの人々にとって、ウソという現象が否定的に考えられているのは何故だろう。ジンメルによる「もう一つの信頼」に関する記述をみてみよう。

たしかに信頼にはなおいまひとつ別の類型がある。それは知識と無知の彼方にある（中略）すなわちそれは、他者への人間の信用と呼ばれ、宗教的なカテゴリーに入る。（中略）人びとは、ある人間を「信じる」が、この信頼はその人物の価値の証明によって正当化されないばかりか、さらには価値のその反対の証明にもかかわらず、しばしば信用しさえする。この信頼、ある人間にたいするこの内的な無条件性は、経験によっても仮説によっても媒介されず、むしろ他者たちに関する原初的な態度なのである。［Simmel,1908=1994a:360-361］（傍点原文）

われわれがあらゆる証拠をこえて、しばしばあらゆる証拠にさからってさえ、人間あるいは総体への信頼を固持するということ、――このことは、社会を結合させるもっとも強固な紐帯のひとつである。［Simmel,1912=1998:263］

ここでジンメルが述べていることを簡単に要約すれば、次のようになるだろう。人間は、根本的なところで何かにすがるように、他者を信頼する存在であること。そして、この種の信頼は、経験的な事実や論理的な真理を超えた宗教的な信仰のようなものであり、社会を結合する＝社会を形成する源の一つなのである。

人間が、根本的なところで、誰かを信じたいという信頼に存在づけられているからこそ、ウソという現象は——何か特別の状況に条件づけられることがない限り——社会総体においてその否定的な位置づけを脱しないのである。けれども、その裏を返せば、信じる者がいるからウソ現象は生起するのだということを示している。重要なのは、その逆では決してないということである。[★04] つまり、ウソをついた人間がいても、ウソ現象が起こるとは限らないし、誰もウソをついていなくても、「騙された」という人間が現れさえすれば、ウソ現象が起こることになる。

6　ウソ現象の社会学的解読

TV番組や雑誌記事などで、犯罪捜査などに使われる嘘発見器という装置を見たり聞いたりしたことは、誰でもあるだろう。一般には、脳波・呼吸・皮膚電気反射などの生体現象を同時に記録するポリグラフを応用したものがよく知られているけれども、最近では、瞳孔の動きによる判定を用いた、より精度の高い装置が開発されたらしい。こうした嘘発見器は、言うまでもなく、ある人間によって特定の状況下でなされた言動が「ウソか否か」を科学的に判定するための装置である。

ウソを科学的に見破ることができるという発想は、ウソという現象が誰にとっても疑う余地のない不変の事実であるという一般的な観念にもとづいていると言えるだろう。けれども、現実には、不変の事実としてウソ現象が存在するためには、誰にとっても動かしがたい不変の真実が存在していなければならない。だから、どんなに精巧な嘘発見器が開発されても、それによって見破ることのできるウソは、極めて特殊な状況下で条件づけられた言動に限定される。

私たちが身の回りでウソ現象を見出すことは実に容易い。それに対して、ウソ現象を社会学的に解読することは、それほど簡単ではない。なぜなら、社会学という学問がウソ現象を研究対象として取り扱う際には、ウソとは社会的に構成さ

★04　エーコによる以下のような記号の成立に関する記述は、ウソという現象にもあてはまる。

「私は記号というものを、すでに成立している社会的慣習に基づいて何か他のものの代わりをするものと解しうるすべてのものとして定義することを提案したい。（中略）解釈者による解釈ということは記号を特徴づけるものと思われるが、これは可能な解釈者による可能な解釈というふうに解されなければならないということである。（中略）受信者として人間がいるということは意味作用、つまり、コードによって保証された記号機能の存在を方法論的に保証するものである（しかし、経験的にはそうではない）ということである。これに対して、送信者という人間がいるということは、記号と思われるものが記号としての本性をもっているという保証にはならない。」[Eco,1976=1980a:23]

エーコ流に言えば、「ウソをつく人間＝騙す人間」が存在するということは、ウソという現象が生起するという保証にはならない。

れる産物であるという視点をとるからである。このことを、社会学を研究している者であれば誰でも知っている「予言の自己成就＝自己成就的予言」という概念を使って、説明してみよう。

予言の自己成就は、R・K・マートンによって提唱された概念である。マートンはそれを以下のように定義している。

自己成就的予言とは、最初の誤った状況の規定が新しい行動を呼び起こし、その行動が当初の誤った考えを**真実**《リアル》なものとすることである。[★05] [Merton, 1957=1961:384-385]

この予言の自己成就という概念は、社会学を研究する誰もが知っているにもかかわらず、それを現実の社会現象にあてはめて実証的に研究するのは、非常に難しいと言われている。[★06] また、予言の自己成就にピッタリあてはまるような社会現象の事例は非常に少ないとも言われている。なぜなら、予言の自己成就を適用できる事例は、①虚偽の真実化、②フィードバック的循環、③意図せざる結果、という三つの要件すべてを満たしていなければならないからである［正村、一九九五、五七頁］。

つまり、こういうことだ。最初の予言自体は虚偽（誤り）でなければならず、その予言が真実として信じられた結果、通常は起こりえないようなフィードバック的循環が起こって、最終的に、意図していないない結果として当初の予言が現実となる、という奇っ怪な社会現象こそが、予言の自己成就なのである。

実際に起こった事件に私が脚色を加えて、社会現象のフィクションを創作し、それを使って検討してみよう。

◆事例1

オイルショックで石油の市場価格が高騰していた頃、「トイレットペーパーがなくなる」という噂が主婦の間を駆けめぐった。実際には、石油とトイレットペーパーとは何の因果関係もないのに、なぜか石油価格の高騰とトイレットペーパーとが結びつく形で社会不安が煽られパニックとなり、多くの人たちが「トイレットペーパーがなくなる」という噂を信じた。そして、主婦たちは、トイレットペーパーを買うためにスーパーなどに殺到し、結果としてトイレットペーパーの供給が需要に追いつ

★05　ちなみに、マートンは自己成就的予言の反対物として自殺的予言（suicidal prophecy）（自己破壊的予言（self-destroying prophecy）と言われることもある）を以下のように定義している。

「自己成就的予言の反対物は「自殺的予言」であるが、それはもし予言がなされなかったとすればたどったであろうコースから人間行動を外れさせ、その結果予言の真実さが証明されなくなった場合である。つまり予言が自滅するのである。」[Merton,1957=1961:385]

★06　『ソシオロジ』123号には「予言の自己成就」という小特集が組まれている。特集にあたって高坂健治は、「予言の自己成就」現象を経験的なデータにもとづいて実証することに成功したケースは皆無に近い、と述べている［高坂、1995、3頁］。またこの特集では、予言の自己成就という概念の曖昧さ［中野、1995］や、予言が自己成就するメカニズムの不明瞭さ［正村、1995］も指摘されている。

かず、トイレットペーパーは市場から消えてしまった。

事例1は、一見すると予言の自己成就という概念にピッタリあてはまる社会現象だと思われる。ただしよく考えれば、それは、噂を信じて行動した主婦を行為主体として想定した場合に限って、この事例が予言の自己成就概念にあてはまるにすぎないということに気づくはずだ。つまり、もし仮に、別の人間（たとえば噂を信じなかったような人間）を行為主体と想定すれば、予言の自己成就に当てはまらない可能性もある。

◆事例2

オイルショックによってもたらされた石油価格の高騰という社会不安を利用して、トイレットペーパーの市場価格を吊り上げて一儲けしようと目論んだ卸売り業者は、「トイレットペーパーがなくなる」という噂をでっちあげて流した。そして、その噂が真実味を発揮するように、卸売り業者は小売り店へのトイレットペーパーの供給を制限した。小売り業者も、その噂に乗じて、一儲けしようとたくらみ、倉庫にトイレットペーパーを隠して、売り場に出す商品を制限した。その結果として、トイレットペーパーは市場から消えた。

事例2が予言の自己成就にあてはまるような社会現象ではないことは、明らかである。そもそも、業者は、ウソの噂を虚偽と知りながら意図的に流して、目論見通りの事態を引き起こし、当初から意図していた結果を得たのであるから、これを予言の自己成就と言うことはできない。

事例1と事例2は、それぞれが別々の社会現象に関する記述として読むこともできるけれども、同一の社会現象を二つの異なる視点から記述したものとして読むこともできる。むろん、現実の社会現象は、こんなに単純ではなく、もっと複雑に入り組んだ行為主体の相互作用によって構成されているだろう。それでも、この単純なフィクションからも、複数の行為主体それぞれが、主観的にはそれぞれ異なった社会現象を経験していることは、分かる。ゆえに、ある社会現象が予言の自己成就という概念にあてはまるか否かは、どの行為主体に焦点をあてて、その現象を解釈するのかということによって、変わってしまうこともあるのである。

おそらく、予言の自己成就という概念をめぐる社会学的議論が繰り返されるのは、マートンの概念定義に曖昧な想定が潜んでいるためである。

まず、予言の自己成就現象が起こる発端となる「最初の誤った状況の規定」という想定には、誰がそれを「誤った状況の規定」と判定するのか、という問題がある。この点に関してはーーマートンは明確な言及をしていないけれどもーー「最初の誤った状況の規定」を行なった主体が、後にそれを「誤った状況の規定であった」と了解できた現象に限定すればクリアできるかもしれない。

けれども、問題は、ある主体による誤った状況の規定によって「新しい行動」が呼び起こされると、多くの場合、社会現象が複数の他者を巻き込んだ相互作用として構成されるところにある。仮に、他者の中に、「誤った状況の規定」が誤りであるーー新しい行動を起こした人（たち）が間違っているーーと気づいた人（たち）がいたとしても、その人（たち）が社会現象に巻き込まれている状況を誤ることなく判断すれば、「誤った状況の規定」をしている人（たち）と同様に行動することが妥当な場合もあるだろう。トイレットペーパーが石油と何の因果関係もないことを知っていたとしても、急いでスーパーに買いに走らなければ、なくなってしまうのだから……。

マートンは、自己成就的予言について以下のように述べている。

> 自己成就的予言のいかにももっともらしい効力は、誤謬の支配を永続させる。というのは、予言者なる者は、出来事の実際の経過をもって、彼がそもそも初めから

正しかったことの証明としようとするからである。［Merton,1957=1961:385］（傍点引用者）

この「予言者なる者」を「社会学者」に置き換えてみると、マートンの抱いていた「科学的」社会学の正体が分かるような気がする。マートンにとって、社会学者は、予め真実を知りうる絶対的な存在として想定されており、ある出来事の真／偽を「科学的」に判定可能な存在なのである。

けれども、現実の社会現象においては、出来事の真／偽やマコト／ウソは、相互作用のプロセスに巻き込まれた行為主体それぞれの主観的経験として、目まぐるしく変化していく。この相互作用のプロセスを社会学的に解読しようとする者は、少なくとも、予言者たることを諦めなければならない。

社会学という学問は、ある意味で、現実の社会に遍在するウソ現象を解読しようとする試みだと言えるだろう。にもかかわらず、常識的な社会学が、一般常識に囚われて、ウソ現象を回避してきたのも事実である。たとえば、社会調査で収集されるデータには、ウソや虚偽が紛れ込まないような工夫がなされる。とりわけ、インタビュー調査や聞き取り調査では、調査対象者からウソではない本音や真実を聞き出そうという技巧が駆使される。

もちろん、本音や真実を引き出す方法を追求することは、決して間違いではない。けれども、本音や真実と同じくらい——あるいは、それら以上に——ウソや虚偽が社会現象を解読する上で、重要な意味をもつこともある。

ウソは、事実や真実でないことであっても、事実や真実と関係ないことではない。如何に巧妙な嘘吐きであっても、事実や真実から全く自由にウソをつけるわけではない。そして、もし、誰からも騙されないような人生があるとしたら、たぶん、そんな人生は生きるに値しないだろう。

文献

Eco, Umberto, 1976, *A Theory of Semiotics*, Indiana Univercity Press（＝一九八〇a、池上嘉彦訳『記号論I』／＝一九八〇b、池上嘉彦訳『記号論II』岩波書店）

井上俊、一九八二、「うそ現象へのアプローチ」仲村祥一・井上俊編『うその社会心理』有斐閣（井上俊、一九九二、『悪夢の選択』筑摩書房に再録）

磯部卓三、一九七五、「嘘と社会」仲村祥一編『社会学を学ぶ人のために』世界思想社

高坂健治、一九九五「はじめに」『ソシオロジ』一二三

Merton, Robert K., 1957, *Social Theory and Social Structure: Toward the Condification of Theory and Research*, The Free Press（＝一九六一、森東吾ほか訳『社会理論と社会構造』みすず書房）

正村俊之、一九九五、「複合現象としての「予言の自己成就」」『ソシオロジ』一二三

Mills, C. Wright, 1941, "Situated Actions and Vocabularies of Motive", *American Sociological Review*, Vol.5-6（＝一九七一、田中義久訳「状況化された行為と動機の語彙」青井和夫・本間康平監訳『政治・権力・民衆』みすず書房）

中野正大、一九九五、「予言の自己成就――〈意図せざる〉結果と〈誤った〉状況の規定――」『ソシオロジ』四〇－一

Sartre, Jean-Paul, 1943, *L'ÊTRE ET LE MÉANT*, Éditions Gallimard（＝一九九九、松波信三郎訳『存在と無　現象学的存在論の試み　上・下』人文書院）

渋澤龍彦、一九七八、「嘘の真実――私の文章修行」『週刊朝日』一九七八年九月八日号（↓一九九四、澁澤龍彦『澁澤龍彦全集17』河出書房新社に再録）

清水幾太郎、一九三七、「政治と虚言」『思想』一八五（↓一九五六、清水幾太郎『社会学ノート』角川書店に再録）

Simmel, Georg, 1908, *SOZIOLOGIE: Untersuchungen über die Formen der Vergesellschaftung*, Dunker & Humblot（＝一九九四ａ、居安正訳『社会学（上）――社会化の諸形式ついての研究』／＝一九九四ｂ、居安正訳『社会学（下）――社会化の諸形式ついての研究』白水社）

Simmel, Georg, 1912, *Die Religion*, Literasische Anstalte Rutten & Loening（＝一九九八、「宗教社会学」居安正訳『現代社会学大系　第1巻　新編改訳　社会分化論　宗教社会学』青木書店）

亘明志、一九八六、『記号論と社会学――記号論の彼方／外部としての権力――』広島修道大学総合研究所

column
こんなウソをついてみたい

人間とはウソをつく動物である。その中でも、物書きを生業としている作家は、まさに嘘吐きのプロフェッショナルであり、天才的とも言えるような嘘吐きが多い。ここでは、「こんなウソをついてみたい」と思うような卓越したウソを三つばかり紹介したい。

真実に迫るために駆使されたウソ
——トルーマン・カポーティ

二〇〇六年に日本でも公開された『カポーティ』（ベネット・ミラー監督／二〇〇五年アメリカ映画）は、実在した天才作家トルーマン・カポーティが『冷血』〔Capote, 1965=2005〕を書き上げる顚末に焦点をあてて、カポーティの人物像を描いた映画である。

一九五九年一一月、カンザス州で起こった「一家四人惨殺事件」に関する小さな新聞記事を目にとめたカポーティは、「傑作が書ける」という直感を抱き、友人の女性作家ネル・ハーバー・リーを伴って、カンザス州へと取材に出掛ける。カポーティは、事件の関係者に対して、言葉巧みに取り入って話を聞き出したり、警察官から捜査資料までをも収集していく。やがて、事件の犯人二人が逮捕されると、カポーティは、刑務所へ手を回し、犯人たちに自ら接触して話を聞き出し、犯人の一人が書いた日記まで手に入れていく。そして、犯人たちに死刑判決が下されると、カポーティは、犯人たちから話を聞く時間的な猶予をえるために、腕利きの弁護士をつけて、裁判を長期化させてしまうことに成功する。しかしやがて、「裁判の終結がなければ『冷血』を完成させることができない」と考えるようになったカポーティは、死刑執行が行なわれる日を待ち望むようになっていく。そして、この映画では、カポーティが『冷血』を執筆していく過程で、彼がとりわけ犯人の一人に対して強い思い入れをしながらも、最終的に裏切っていくという場面に、カポーティ自身が人間として壊れていく様を重ねていく形で、物語が構成されている。

この映画自体の評価は別にして、興味深かったのは、カポーティが事件に関する真相や真実を知るために、ウソを駆使していることである。

カポーティが書き上げた『冷血』は、ノンフィクション・ノベルという新しい文学ジャンルを切り開いた最高傑作として、あるいはニュージャーナリズムの源流[★01]を作り出した作品として評価されている。徹底した取材によって得られたデータをもとに、現実を再現しようという手法は、社会調査によって現実の社会へと迫ろうと試みる社会学の学問的手法と全く同じである。ただ、一般的な社会学においては、調査者が被調査者に対してウソをついてデータを収集することは禁じ手となっており、「調査倫理に悖《もと》る」とされている。

　カポーティは、『冷血』を書く際、三年間に渡ってノート六千頁に及ぶ徹底的な取材を行なったとされており、その取材は、被害者の遺族、被害者の恋人や友人、事件が起こった地域の住民、捜査官とその家族、犯人、犯人たちの家族、犯人たちの知人等々に対して行なわれている。事件に対して様々な関係を持つ人々から真相や真実を引き出すために、カポーティが実際に様々なウソを駆使したであろうことは、『冷血』を読めば、よく分かる。

　真相や真実を引き出すためにウソを駆使し、引き出した真相や真実をもとに、物語を作り出す。そうして生み出された作品がノンフィクション・ノベルであっても、書き手によって書かれたものである限り、現実の再構成であるのだから、その作品は現実ではなく創作物《フィクション》であることから逃れることはできない。作家・カポーティが『冷血』を書く際に駆使した冷血なウソは、カポーティ自身からも何か深い真実を引き出してしまった……

★01　『冷血』の邦訳者・佐々田雅子は、「徹底した取材によって膨大なデータを蓄積し、それを再構成して現実の再現に迫るというその手法」であるニュージャーナリズムとは、ジャーナリズムの方が『冷血』から取り込んだものである、と「訳者あとがき」で記している〔佐々田、二〇〇五、六一八頁〕。

という物語も、映画『カポーティ』が描き出した創作物《フィクション》＝ウソにすぎないのかもしれない。

ちなみに、映画『カポーティ』の中で、私が最も強力なリアリティを感じたのは、カポーティ役を演じたフィリップ・シーモア・ホフマンの演技《ウソ》だった。

嘘をつかないためのウソ――内田百閒

自宅を訪ねてきて面会を求める記者に対して、玄関先で自ら「留守だと言ったら留守だよ」と追い返したというのは、夏目漱石にまつわる有名なエピソードの一つである。そして、内田百閒の「正直の徳に就いて」★02〔内田、二〇〇三〕は、この漱石のエピソードを使って、「嘘をつくのは嫌だ」と言い張る論敵を遣り込める痛快な随筆である。

百閒が「漱石先生は嘘が大嫌いでした」と鎌をかけると、論敵は「そうでしょう」と応える。すかさず、百閒先生は言い放つ。


「漱石先生が、御自分で玄関に出て、己《おれ》は留守だよと云う嘘をついた話がありますが、この嘘はだれを騙した事になりますか」〔内田、二〇〇三、一三二頁〕

このようにウソの徳を説いた百閒先生にも、どうしても曲げられない己《おのれ》に直面したことがあった。村山古郷の「百閒先生追懐記」には、その顚末が記されている。

一九三九（昭和一四）年、内田百閒は日本郵船の嘱託となった。嘱託と言っても、重役並みの待遇で、文章指南役というその仕事も実際にはほとんどなかったようである。ところが、戦争激化による時局の変化は、百閒の重役嘱託身分を揺るがすことになる。日本郵船が保有していた豪華客船は全て戦時体制に動員され、一九四三〜四年頃、日本郵船から百閒にも「嘱託を解く」話が出た。嘱託を解かれた文士は、報道班員に徴用されることになる。

　嘱託の任を離れれば、それを拒むべき理由を失う。百閒先生は会社に事情を開陳し、無給で差し支えないから、嘱託の身分をそのまま存続させておいて頂きたいと申し入れられた。郵船会社はこの申し入れを承諾し、百閒嘱託は終戦後まで存続した。

［村山、二〇〇三、三一七頁］

文士として筆を曲げないで済ますためのウソ。書きたくないことを書かないで済ますために百閒がついたウソは、いかにも百閒先生らしい我が侭なウソだった、とあえて言いたい。そして、この我が侭なウソを百閒に可能にさせたのは、当時、保有していた船舶のほとんどを戦争へと徴用されてしまい、会社としての存続さえ危うかった日本郵船がつきとおしたウソだった。

タフでやさしい素敵なウソ

レイモンド・チャンドラーによるベストセラー探偵小説「フィリップ・マーロウ」シリーズの一

★02　この随筆は、初出年及び掲載誌は不詳である。

つに、「赤い風」という短編がある。ごく簡単にストーリーを紹介しよう。

私立探偵フィリップ・マーロウは、暑い砂漠の風が吹き荒れる夜に訪れた酒場で、殺人事件に巻き込まれた。その事件をきっかけとして偶然に出会った一人の女性ローラは、運命の悪戯のように、私立探偵マーロウの依頼人となる。ローラの依頼は、「盗まれた真珠の頚飾りを取り返してほしい」というものである。盗まれた頚飾りは、白真珠が全部で四一粒、一枚刃のプロペラ型の留め金がついた高価な代物である。そして、この頚飾りは、ローラが結婚する前に愛し合っていた男からの贈り物で、その男は飛行機事故で亡くなってしまった、ということだった。物語は、マーロウとローラが互いに惹かれあっていくことを含みながら展開していく。そして、マーロウは、その真珠の頚飾りを取り戻すことに成功する。けれども、それはホンモノの真珠そっくりにボヘミア・ガラスで作られた精巧な模造品だった。

マーロウは、ローラに電話をかけて言う。

「例のものをみつけたよ。僕じゃなくて、警察の連中が見つけたんだがね。（中略）ここに真珠の頚飾りがあるんだが、ほんものじゃないんだ。ほんものは売りとばし、留め金だけのこして、そっくりの贋《まが》い物できみをひっかけようとしたらしい。」

［Chandler,1950=1963:179］

ローラと会う約束をした後、マーロウは、宝飾店に行き、模造品を作ってくれる骨董屋を紹介してもらい、その骨董屋の爺さんに、一日みれば誰でも贋物だと分かる頚飾りを作ってプロペラ型の留め金をつけるように依頼する。

　翌日、骨董屋で作らせた贋物の頚飾りをローラに渡すと、ローラは「留め金だけとっておくわ」と言う。マーロウは、ローラに警察へ行って自分の言っていることが本当かどうか確かめるよう促す。

　ローラはマーロウに言う。

「ばかなこと。もう終わったことよ。ただの想い出だわ。想い出を抱いて暮らすほど、わたし、年取っていなくてよ。みんな運命でしょうね。わたしはスタン・フィリップを愛していたけど――彼はもう死んだ人よ――もうずっと昔に」
[Chandler,1950=1963:184]

　その後、ローラは、現在の夫と突然離婚することになったと告げるが、マーロウは、捜査の過程で既にそうなること（ローラがそれを知らないこと）を知っていた。ローラと別れた後、マーロウが一人海に向かい、ボヘミア・ガラスの模造真珠を海面へと投げ捨てる、というシーンでこの短編小説は終わっている。

　スタン・フィリップがローラについたウソを隠し通すために、マーロウがローラについたウソは、見事なまでに洗練されている。[★03] ローラに対して、マーロウのついたウソによって、スタン・フィリップのついたウソは永遠に隠されることに――つまり真実と――なったのだから……。ウソを真実に変えてしまうようなウソ。一度は、こんな素敵なウソをついてみたいものである。

けれども、この物語の中で、最も素敵なウソをついたのは、実は、ローラではないだろうか？

「留め金だけをとっておくわ」と言った後で、「ばかなこと。もう終わったこと……」と告げるローラは、明らかに――マーロウに分かるように――ウソをついている。このローラの言葉は、マーロウを信じていると告げるだけでなく、マーロウの自分に対する好意を受け入れられないと、マーロウを傷つけないように伝えられている。もちろん、このローラのウソが素敵なのは、ウソによって伝えようとした真実をマーロウがきちんと理解できたからに他ならない。素敵なウソが現れるためには、素敵なウソがつける行為主体だけでなく、そのウソを解釈できる素敵な解釈主体が存在していなければならないのである。

文献

Capote, Truman, 1965, *In Cold Blood*, The USA（＝二〇〇五、佐々田雅子訳『冷血』新潮社）

Chandler, Raymond, 1950, "RED WING", *Trouble Is My Busineess*, *Penguin Books*（＝一九六三、「赤い風」稲葉明雄訳『チャンドラー短編全集1　赤い風』東京創元社）

村山古郷、二〇〇三、「百閒先生追懐記」『百鬼園先生言行録　内田百閒集成7』ちくま文庫

佐々田雅子、二〇〇五、「訳者あとがき」『冷血』新潮社

内田百閒、二〇〇三、「正直の徳に就いて」『百鬼園先生言行録　内田百閒集成7』ちくま文庫

★03　もし、ローラが「留め金だけをとっておくわ」と言わなかったら、マーロウはすり替えたボヘミア・ガラスの模造真珠をローラに渡したかもしれない、という読みが読者には可能である。ただ、おそらくマーロウがわざわざ模造品の頸飾りをさらにチープな贋物へとすり替えたのは、スタン・フィリップのついたウソを隠そうとしたためだけではないだろう。というのは、仮に、マーロウが取り戻したホンモノの模造品を渡しても、ローラ自身はそれを鑑定に出そうなどと思わないだろうからである。もちろん、その場合、後々、スタン・フィリップのついたウソがばれてしまう可能性を完全には否定できないことになる。それでも、やはり、マーロウがローラにウソをついたのには、もう一つの理由があると考えざるをえない。つまり、マーロウは、ローラの想い——スタン・フィリップと自分への想い——をはかるために、わざわざ手の込んだウソをついたのである。

Chapter 2
恋愛のアウトサイド

デュラス「……私は外に向けて書くの。アウトサイドよ。あなたも外から来たわ。無謀な人ね。ずっといてくれる？」
ヤン「ええ」
デュラス「〝ええ〟？　私を喜ばせようと気軽に言わないで。人を迎えるのは苦痛なのよ。考えてもみて。あなたは我がもの顔で不意に来たのよ」
ヤンの声「僕はこの館に閉じ込められた。一夜にして物語の中に封じ込められた。僕も、あなたもどうする事もできない」
デュラスの声「声があった。信じられないほど優しい声。かけがえのない手紙の声だ」

［『デュラス　愛の最終章』ジョゼ・ダヤン監督／二〇〇一年フランス映画より］

恋と恋愛とは、同じ意味で使用されることが多い。つまり、これら二つの言葉は一般には同一のカテゴリーとして考えられている。けれども、ここでは恋愛を社会学的にとらえるために、便宜上、二つの言葉を別々のカテゴリーとして区分することから始めたい。

1　恋は落ちるもの

国語辞典を引くと、「恋」という言葉は以下のように説明されている。

「特定の異性を強く慕うこと。切なくなるほど好きになること。また、その気持ち。」（『明鏡国語辞典』大修館書店）

「①恋愛。②その土地に（もう）一度遊んで見たい、その物に（もう）一度接して見たいという強い気持ちに駆られて、抑えることが出来ない心の状態。」（『新明解国語辞典　第四版』三省堂）

「①一緒に生活できない人や亡くなった人に強くひかれて、切なく思うこと。また、

そのこころ。特に、男女間の思慕の情。恋慕。恋愛。②植物や土地などに寄せる思慕の情。」（『広辞苑　第五版』岩波書店）

「①異性に強く惹かれ、会いたい、ひとりじめにしたい、一緒になりたいという思う気持ち。②古くは、異性に限らず、植物・土地・古都・季節・過去の時など、目の前にない対象を慕う心にいう。」（『大辞林　第二版』三省堂）

「①人、土地、植物、季節などを思い慕うこと。めでいつくしむこと。②異性（時には同性）に特別の愛情を感じて思い慕うこと。恋すること。恋愛。恋慕。③和歌、連歌、俳諧などで恋愛を題材とした作品。また、その部立。④愛人。情婦。」（『日本語大辞典　第二版　第五巻』小学館）

これらの辞書的な意味は、あまりにも無味乾燥だと感じるかもしれない。けれども、後に「恋愛」を国語辞典で引いてみると、意外に国語辞典は「恋」「恋愛」という二つの言葉がそれぞれ持っているニュアンスの違いを上手く説明していることに気づくだろう。つまり、国語辞典では、「恋」は、ある人間が抱いたり寄せたりする一方的な感情を意味する言葉として説明されている。そして、『日本語大辞典』では、語誌として「目の前にない対象を求め慕う心情をいうが、その裏側には、求める対象とともにいないことの悲しさや一人でいることの寂しさがある」という意味がもともとの用法だったと紹介されている。

ところで、恋という言葉は、必ずしもポジティブな意味で使用されているわけではない。「恋は曲者」と言えば「恋のためには心乱れとんでもないことをする」の意だし、「恋は闇」とは「恋愛は理性を失わせ分別をなくさせる」という意味になる。「恋」という言葉がしばしばネガティブなニュアンスで使用されてきたのは、その一方的な感情のためかもしれない。

また、「恋は思案の外／恋は心の外」と言うように、「恋する人の気持ちや行動は常識や理性では律しきれない」。恋はするものではなく落ちるものである。つまり、恋とは、当人が全く意図することなく、ぽっかり空いた深い穴に突然前触れもなく落ちてしまうようなものなのだ。

別の言い方をすれば、恋の病／恋煩い・恋患いと言うように、恋とは「情にとりつかれて心身が病気にかかったようになった状態」のことである。つまり、恋は、当人が気づかないうちに煩う病である。そして、恋は流感のように、伝染することも多い。身近な人が恋を煩うと、当人も恋を煩うことがしばしばある。逆に、まわりに恋を煩うことない「健康な人びと」に囲まれていると、なかなか、恋を煩わないですむことも多い。恋の病はたいてい一時的なものであるけれども、それを治す特効薬はない。西欧のある哲学者は、「恋という病を治すには、恋に落ちた二人を結婚させる以外にない」と説いたらしい。だからこそ、恋はしばしば愚かなものとして物語られてきた。

時に、恋に落ちるというのは命懸けである。恋とは、「誰も心に思うことをとめることはできない」ほど強い気持ちであり、当人が制御できるほど柔な感情ではない。

一九九一年に放送されたテレビドラマ『一〇一回目のプロポーズ』（制作：フジテレビジョン／脚本：野島伸司）のクライマックスを覚えているだろうか？

武田鉄矢の扮する建設会社の万年係長・星野哲郎が、浅野温子の扮する東京フィル管弦楽団チェリスト・矢吹薫にプロポーズして断られると、いきなり車道に走ってくるトラックの前に飛び出す。トラックが寸前で止まると、哲郎は薫に向かって、泣きながら怒鳴る（叫ぶ？）。

「ぼくは死にぃましぇん！　ぼくは死にぃましぇん。あなたが好きだから、ぼくは死にぃましぇん。ぼくが幸せにしますからぁ。」

まさに、恋が命懸けであることを示している余りにも有名なシーンである。自己コントロールが不能なんだから、他人の迷惑を顧みる余裕など全くなく、自己の思い込みが一方的に全うされてしまう。そして、このシーンのバックには、主題歌『SAY YES』（CHAGE & ASKAの大ヒット曲）が流れてきて、その美しいメロディに惑わされたのか、あるいは哲郎の自分に対する強い情に絆されたのか、結局、薫は泣きながら「私を幸せにして下さい」と言わされてしまう。このドラマの結末は、物語としてありえないほど無茶な設定であったにも拘わらず、かなりの高視聴率だった。ちなみに、〝SAY YES〟を直訳すると、「うん、と言え」という意味で、ほとんどストーカー犯罪に近いような場面だったのに……。

　話を戻せば、恋とは、猛スピードで走ってくるトラックの前にいきなり飛び出すくらい命懸けで、強い思い込みを伴う感情である。

　ただ、誰でも恋に落ちる可能性はあるけれども、誰もが恋に落ちるとは限らない。これは、当たり前のことだが、そのことを知らない人も多いし、重要なことだから、あえて記しておく。

2　恋愛はするもの

今度は、「恋愛」を国語辞典で引いてみよう。

「互いに異性として恋い慕うこと。また、その感情。」（『明鏡国語辞典』大修館書店）
「特定の異性に特別の愛情をいだいて、二人だけで一緒に居たい、出来るなら合体したいという気持ちを持ちながら、それが、常にはかなえられないで、ひどく心を苦しめる・（まれにかなえられて歓喜する）状態。」（『新明解国語辞典　第四版』三省堂）
「（love の訳語）男女が互いに相手をこいしたうこと。また、その感情。こい。」（『広辞苑　第五版』岩波書店）
「男女が慕うこと。また、その感情。ラブ。」（『大辞林　第二版』三省堂）
「特定の異性に特別の愛情を感じて恋慕うこと。また、その状態。こい。愛恋。」（『日本語大辞典　第二版　第十三巻』小学館）

まず、これらの辞書的な意味を見れば、「恋」が土地や植物など人間以外も対象としているのに対して、「恋愛」の方は、その対象が人間（ほとんど異性）[★01]に限定されていることが分かる。そして、対象が人間に限定されていることを考慮すれば、『明鏡国語辞典』や『広辞苑』でズバリ用いられている「互いに」というのが恋愛のキーワードだと考えてもいいだろう。つまり、恋が対象に対する一方的な気持ちや感情であっても当人の思いだけで成立するのに対して、恋愛は互いに抱く気持ちや感情がなければ成り立たないということである。

したがって、恋が一方的に落ちるもの（感情や気持ち）であるのに対して、恋愛は互いにするもの（行為）である。[★02]

3　恋愛の三つのレベル

恋愛は、感情（意識）・行為・関係という三つのレベルに区分して捉えることができる。

★01　いくつかの国語辞典を引いてみたけれども、『日本語大辞典』だけが「恋」の説明で同性を含めている。ただ、「恋愛」に関しては、『日本語大辞典』も何故か異性に限定した説明となっている。

★02　ちなみに『日本語大辞典』の語誌によれば、「日本では明治初年以来、英語の love の訳語として「愛恋」「恋慕」などとともに用いられ、明治 22 年頃から「恋愛」が優勢になった」とされている。

◆恋愛感情（意識）

恋愛感情（意識）は、一般には、恋と同意の感情として理解されているけれども、ここでは敢えて恋とは区別して定義しておく。すなわち、恋愛感情は、恋のように当人が制御不能なものではなく、ある程度、当人が意志を持ってコントロールできる感情である。

注意して欲しいのは、両者の区分は、感情や気持ちの強弱によるものでは決してないということである。恋が制御できない感情だからといって、コントロール可能な恋愛感情よりも強い気持ちであるとは限らない。制御の不可能／可能は、感情や気持ちの強弱で決まるわけではなく、質的に違うのである。ここでは、強弱で考えることによって、都合のいい場合がある、ということを指摘することにとどめておきたい。

◆恋愛行為

ここでは、恋愛とは、原則として、互いに恋愛感情を抱く行為主体同士が明確な意志や意図をもって行なう社会的行為[★03]である、と定義しておこう。ただし、厳密に言えば、一方が恋愛感情を抱き、他方がそれを受け入れていれば、前者にとって社会的行為としての恋愛は成立していることになる。そして、恋愛とは、「恋愛する」という社会的行為によって、いま・ここでその都度行なわれるものである。

それでは、何をすれば、恋愛行為なのか★04？

一度、私が担当していた講義で六百人ほどの受講生に、「あなたが恋愛行為だと考えていることを具体的に書いて、恋愛行為を社会学的に定義せよ」という課題レポートを出してみたところ、返ってきた答えは実に様々で、きちんと定義できていたものはなかった。実際、「いつからつき合いはじめたか？」という問を恋愛している二人に問いかけても、それぞれの答えが違っているということも、しばしばある。

人びとが恋愛感情を抱いている特定の相手とだけ行なう具体的な行為をいくらあげてみても、それらの行為を恋愛感情なしに行なう人たちが必ず存在する。もちろん、一般には誰とでも行なうような行為であっても、その当人にとっては、かけがいのない恋愛行為になりうる場合もある。

ここでは、一般的には、人びとが何をもって恋愛行為とみなすかということは、かなり曖昧であって、当該の行為者間においても一致するとは限らない、ということだけを指摘しておくことにする。

★03　ここでの、社会的行為とは、M・ヴェーバーによる以下の広義の定義に拠っている。

「「行為」とは、単数或いは複数の行為者が主観的な意味を含ませている限りの人間行動を指し、活動が外的であろうと、内的であろうと、放置であろうと、我慢であろうと、それは問うところではない。しかし、「社会的」行為という場合は、単数或いは複数の行為者の考えている意味が他の人びとの行動と関係を持ち、その過程がこれに左右されるような行為を指す。」［Weber,1922=1972:8］

◆恋愛関係

一般には、恋愛関係という言葉は「恋愛をしている」という意味で使用されている。けれども、恋愛を社会的行為として定義するのであれば、恋愛関係とは、恋愛行為がイデオロギー化したものだと定義できる。つまり、恋愛行為を行なった双方もしくは一方が、今後(未来)もまた同じ相手を対象として恋愛行為を行なうに違いないと思い込むことによって、恋愛関係は構成され、この思い込みが続く限り維持されることになる。

また、言うまでもないことであるけれども、恋愛関係は、行為主体にとって一つだけにとどまるとは限らない。つまり、一人が複数の恋愛関係を構成することもありうる。

4　恋愛ゲームのジレンマ

ここでは、恋愛をゲームとして考えてみたい。注意してほしいのは、恋愛をゲームとして考えるということは、恋愛ゲームが「軽い」とか「真剣味がない」ということを意味しているわけではないということである。つまり、恋愛がゲームであるか否かということではなく、ここでは「恋愛ゲームという社会的行為」自体に着目してみる。だから、恋愛を含めてどんなゲームも真剣に行なわれることもあれば、不真面目に行なわれることもあるけれども、真剣／不真面目という価値評価は問題にしない。むしろ、重要なことは、どんなゲームにもルールがあり、どんなゲームにも勝敗がある、ということである。それは恋愛ゲームも同じである。

恋愛ゲームは、双方が互いに恋愛対象にとって特別な存在として意味づけられるように、すなわち、自分自身の魅力へと相手を虜にしようとするゲームである。

どんなゲームでも真剣にやればやるほど面白いけれども、逆に、真剣にやらなかったり、真剣になれなかったりすれば面白くない。それは恋愛ゲームも同じである。

恋愛ゲームの勝敗は、相手を自分の魅力へと虜にした方が勝ちとなり、相手の魅力の虜になってしまった方が負けである。つまり、恋愛ゲームでは、相手をマジにさせた方が勝ちで、マジになってしまった方が負けとなる。もちろん、多くの人たちは、恋愛している最中に、勝ち／負けなど意識しないだろう。

★04　恋愛行為を象徴するデートは、『新社会学辞典』で以下のように定義されている。

「【デイト dating】青年期の男女交際のパターンの一つ。交際すること自体を目的とし、必ずしも結婚とは結びつかない。交際相手も特定されず、複数の相手との交際から、しだいに特定の相手に固定化していく。関係の解消も比較的容易である。デイトの機能には、①レクレーション、②仲間から一人前と認められる地位の獲得、③性別役割の学習、④社交性の学習、⑤配偶者選択などがある。それは、定位家族から分離・独立して、生殖家族を形成していくという過程にある青年期の社会化にとって重要な意味をもっている。一方、レクレーションの側面が強調されすぎると、結婚への準備としての学習の側面が阻害されたり、競争の激化によって優劣の差がつけられ、自我が傷つくといった逆機能の面もある。デイトは1920年代のアメリカの大学生の間に発生した青年文化であったが、30年代以降、高校生の間にも急速に広がった。日本でも、1960年代以降恋愛結婚の優勢とともに一般化したが、デイトのルールやパターンの十分な確立がなされていない。」［望月、1993、1029頁］

それは、多くの人たちが恋愛をゲームとして意識していないからである。どんなゲームでも勝敗は最後まで分からないけれども、ゲームが終われば、勝者／敗者が生まれることになる。恋愛ゲームを意識していなくても、恋愛が終われば、否応なくゲームの勝者／敗者に分かれることになる。言うまでもなく、相手を振った方が勝者となり、相手に振られたほうが敗者となる。

誤解してはいけないのは、別れを切り出した方が勝ちとは限らないということである。なぜならば、熟練した恋愛ゲームの達人たちは、しばしば、相手が別れを切り出すように、上手くゲームをコントロールするからである。後々になってから、「してやられた」というようなパーフェクトゲーム（完敗）だったことに気づくかもしれない。

さて、恋愛ゲームが他の多くのゲームと異なるのは、恋愛ゲーム自体をより楽しむことができるのは、敗者の方であるということである。無論、それはゲームが進行中のプロセスに限ってで、恋愛ゲームが終了し結果が出れば、大抵の場合、敗者の方がより深く傷つくのは言うまでもない。それでも、恋愛ゲームの最中には、ゲーム自体をより楽しんだ者が敗者となるのである。

こうしたゲームとしての特異性から、恋愛ゲームは、そのゲーム自体にある種のジレンマを抱えていることが分かる。

まず、自らの魅力へと相手を虜にしようとする恋愛ゲームにおいて、勝者になろうとする行為主体は、自らが相手の虜にされてしまわないように、自分自身の気持ちや感情にブレーキをかけておかねばならない。なぜなら、もし、相手に本気ではまってしまえば、そのゲームでの敗色が濃厚になってしまうからである。ただ、相手に対する自分の感情や気持ちをアクセル全開にして、ノン・ブレーキで向かっていくほうが、ゲームとしては間違いなく楽しい。

実際、恋愛ゲームで一旦敗者となった人が、新たな恋愛ゲームで自分の気持ちや感情にブレーキをかけるようになったり、新たな恋愛ゲームへと参加することに躊躇してしまうことはよくある。恋愛ゲームの敗者にとって、ゲームの終わりは、しばしば、楽しかった日々を苦々しい経験へと一八〇度変貌させる悪夢のような一瞬として訪れる。もちろん、「いい夢を見た」と思えれば、「夢よもう一度」となるかもしれない。けれども、「何か悪い夢でも見てるんじゃないか」と思えば、悪夢からなかなか目覚めることができない場合もある。

また、恋愛ゲームでは、経験を重ねていくにしたがって、自分に優位にゲームを運ぶことができるようになるけれども、一方でゲーム自体の楽しさやスリル・刺戟は軽減していくことになる。

したがって、恋愛ゲームの達人とは、ゲームで敗者となることを厭わず、何度でも敢然と本気でゲームにはまっていくことができるような強者《つわもの》たちや懲りない面々だと言えるだろう。

5　恋愛をめぐるイデオロギー

恋愛イデオロギーという言葉は、一般社会ではあまり馴染みのない言葉かもしれないけれども、社会学を含めたアカデミック（風）な世界では、当たり前のように使用される。ロマンティック・ラヴ・イデオロギーとか、恋愛至上主義とか、恋愛教という言葉も、恋愛イデオロギーと同じような意味で使われている。狭義の意味では、恋愛・結婚・性交という三位一体型の一夫一婦制を補完するものが恋愛イデオロギーであるとして、批判的に用いられる。つまり、「性交するためには結婚しなければならず」「結婚するためには恋愛をしなければならない」というのが、狭義の意味である。ただ、ここでは、そうした狭義の意味には言及しないで、広義の意味で恋愛イデオロギーをとらえておく。すなわち、恋愛イデオロギーとは、「誰でも恋愛する」「誰にでも恋愛はできる」「誰もが恋愛しなければならない」という特定の観念を、当たり前のこととして、つまり自明性として成立させるイデオロギーである。

「なんで、こんな当たり前のことがイデオロギーなのか?」と思う人がいたとしたら、それこそ恋愛イデオロギーが現代日本社会に強固なものとして根付いている証拠である。少し冷静になって、自分の周囲にいる人たちを思い浮かべてみよう。「恋愛しない人もいる」「恋愛できない人もいる」「恋愛する必要のない人もいる」という本当に当たり前の事実に気づくはずである。それでも、恋愛イデオロギーは、TVドラマ、映画、雑誌、アニメ、小説など様々なメディアを通じて日々再生産され、私たちの日常世界に深く浸透している。実のところ、恋愛がイデオロギーに過ぎないことは比較的容易に理解できても、そのイデオロギーの呪縛から逃れることは簡単ではない。

◆恋愛イデオロギー

まず、恋愛イデオロギーに骨の髄まで蝕まれた文章を引いてみよう。

恋愛というものはすばらしいものだと、しみじみと思う。恋をしているときにはほど人間が純粋になれることはないし、自分に正直であることもない。恋する気持ちの純粋さが、自分に嘘をつく暇さえ与えないだろうか。そして何よりも、自分は生きているのだという時間を恋は与えてくれる。

（中略）おそらく、あの恋がなかったら自分の人生は始まっていなかったのではないかとさえ真剣に思う。

あえていいたい。恋というのは、人生の一歩を踏み出すための門出の門なのだ。この門を開けて自分の、ほんとうの自分の人生を歩きはじめるためには、人間は恋をしなければいけないのだ。［梅香、二〇〇四、三七頁］

この筆者とは全く逆に、私は、恋愛をしているときほど人間が不純になることはないと思うし、自分が嘘吐きになってしまうことはないと思う。私自身の経験に照らしても、何とかして意中の相手に気に入られようと、ありえない自分をついつい演じてしまい、後で冷静になって考えてみれば「なんて情けない人間なんだろう」と自己嫌悪に陥ることも多い。恋愛が素晴らしいかどうかは、「人生色々ひとそれぞれ、恋愛も様々」だから何とも言えないけれども、少なくとも恋愛をしなければ人生が始まらないなんてことはありえない。ちなみに、この文章、「恋愛」「恋」に替えて「ドラッグ」や「麻薬」を当て嵌めて読んでみると、イデオロギーに骨の髄まで蝕まれていることがよく分かる。

次に、恋愛を真っ向から否定するようなタイトルが付された松田道雄の『恋愛なんかやめておけ』という本から引いてみよう。

一度男と恋愛した娘をキズものだと思ってるから、いまの日本では恋愛の経験のあった女の人は、ほかのだれかと結婚するとすれば、結婚の条件がわるくなる。男は損をしないが、女は損をするというようなことがわかっていて、それを女にするのはよくない。相手が不利とわかってて、こちらの一時のたのしみの犠牲にするのはフェアでない。女があわれなほどもろいという人生の宿命を悲しく思うんだったら、せめて自分ひとりでもひとりの女をかばわねばならぬ。

女のほうからすれば結婚のことをぜんぜん考えない恋愛は、あとになって損なんだから、ちょっと算数ができる人なら、計算ができるはずだ。一年か半年のあそびのために、あと一生をつづけねばならぬ結婚の条件をわるくするのが、プラスかマイナスかだ。

そういう考えを自由恋愛をやっている連中は古いというだろう。しかし、男のエゴイズムはけっして古くならない。

自分に損になるにきまってるゲームだとわかったら、結婚のことを考えない恋愛

は中止したほうがいい。〔松田、一九七〇→一九九五、二〇九頁〕

この本が最初に出版されたのは一九七〇年だから、現在とは社会状況が大きく異なっていることを考慮しなければならない。たとえば、婚姻率[★05]を比較すると一九七〇年では一〇・〇、二〇〇二年では六・〇と、大きく異なっている。分かりやすく言えば、高度経済成長期にあった一九七〇年の日本社会では、ほとんどの人たちが「誰でも結婚するのが当たり前」だと思い込んでいたのである（また、現在より離婚率も低かった）。ただ、時代の違いを割り引いてみても、松田の主張には救いがたいほど致命的な矛盾がある。

　確かに松田が言うように、女性は男性よりも社会的に不利な立場に置かれているのだから、自由な恋愛は総じて女性に不利になる。けれども、結婚であっても、女性に不利なのは恋愛と変わらない。もし、男が恋愛相手である女性に対して「一時のたのしみの犠牲にするのはフェアでない」と考えるのであれば、結婚相手の女性に対しては「一生のたのしみの犠牲にするのはフェアでない」とも考えなければならない。

　また、性病を罹ったり、望まない妊娠をしたりする可能性を理由に、松田は「恋愛なんかやめておけ」と女性たちに向けて主張している。しかし、これらの理由も、「夜道は危ないから外に出るな」と言う脅迫と同じで、松田自身にとって決して古くならない男のエゴイズムを女性に押しつけようとしているにすぎない。

そして松田は、もう一つ、以下のような恋愛否定の理由を述べている。

> だから恋愛にすべてを賭けてしまうと、ほかの能力がそだたなくなってしまう。恋愛ばかりにすべてを賭けて生きてる人間もある。それは男であれば女たらし、女であれば男たらしだ。恋愛はつづかないから相手をかえる。恋愛ばかりしてて、ほかの能力がのびてない、恋愛の技術だけがじょうずになっている。男なら攻撃がうまい。うまいから女がいくらでもひっかかる。だから、女たらしを商売にしている。
>
> 女なら、いまにもくず折れそうなもろさを、じょうずに演出できる。こういう女もほかのことはできないので、男をたらして生活する。
>
> そういう連中は、うわべさわりはいいが、人間の他の能力をたがやしてないから、うすっぺらだ。〔松田、一九七〇→一九九五、二〇六頁〕

そのまま読むと、まともに取り上げるまでもない陳腐な文章であるけれども、好意的に解釈すれば、「恋愛以外にもっと重要なことがある」と松田は言いたいのだろう。ただ、

★05　婚姻率とは、1年間の婚姻件数を人口で割って1000をかけた数値である。

残念なことに、松田の『恋愛なんかやめておけ』には、恋愛以外の重要なことや、ほかの能力というのが何であるのかが全く書かれていない。一般的に考えれば、恋愛以外に重要なことがある人もいるだろうし、恋愛以外にさして重要なことが何もない人もいるだろう、となってしまう。つまり、時と場合によるし、人それぞれ違うということだ。

もちろん、恋愛するのは、精神的疲弊や肉体的疲労を伴うし、時間も消費する。現実問題として、大抵の場合にはカネだってかかる。実際、私の周りにも、「恋愛すると仕事ができなくなるから嫌だ」と愚痴りながら、せっせと恋愛している奇特な人もいる。でも、何かをするということは、なべてそういうことであり、恋愛に限ったことではない。もし、ほかにしなければならないことがあるのであれば、恋愛していても何をしていても、人はそれをするだろう。

ただ、ここで少し注意してほしいのは、松田が「恋愛にすべてをかける」ことを戒めてから、「ほどほどにしておけ」と言わずに、一気に恋愛を否定しているところである。

むつかしいのは本気の恋愛と日常の生活とを、うまく組み合わせることだ。本気の恋愛というのは、創造的で、日常生活からとびだそうとするものだし、日常の生活は、落ちついた、くりかえしのおおいもののほうがらくだ。これをうまく組み合

わせることは、実にむつかしい。〔松田、一九七〇→一九九五、四八頁〕

つまり、松田自身に、「(本気の) 恋愛はすべてをかけるもの」という強い思い込みがあって、ほどほどに加減するというような恋愛は「むつかしい」から「やめておけ」という結論になるのである。そして、すべてをかけるような恋愛をしていると、以下のような不安に噴まれるから、「恋愛なんかやめておけ」ということになる。

恋愛している人間の思うことはきまっている。世界じゅうでこの人こそ自分にいちばんよくあった人だ。自分は、ほんとにいい相手をみつけた。この人を見つけた自分の目にくるいはない。そう思うんだ。しかし同時に、いやまちがったかな。相手はほんとにいい人なのかしら。そういう疑いもおこってくる。(中略) 恋愛はそういう自信と疑問とのあらそいだ。相手とはなれていると、心のなかは、あらそいで落ちつかない。〔松田、一九七〇→一九九五、一九頁〕

ただ、こうした松田のような恋愛に対する強い (否定の) 思い込みも、代替不可能性という恋愛のイデオロギーに呪縛されているという点からは、単なるコインの裏側にすぎない。

◆代替不可能性というイデオロギー

たとえば、「恋愛以外にもっと大事なことはないのか?」と問われれば、ほとんど人が「あるに決まってる」と答えるだろう。けれども、恋愛をしている最中に、当の恋愛相手から「私より大事なことがあるの?」と問われれば、「そんなのあるに決まってるだろ、バッカじゃないの」と真正直に答えるのは、かなり勇気がいるだろう。もちろん、こうしたやりとりが行なわれる多くの場合には、問いかける側も自らの問が愚問であることを十分承知していて、問われた側も相手から期待されているのが「そんなのあるわけない」という嘘の答えであることをふまえている。恋愛の最中に、こうした嘘のキャッチボールがしばしば儀礼的に繰り返されるのは、代替不可能性という恋愛のイデオロギーが存在しているからである。

この代替不可能性という恋愛のイデオロギーは、大澤真幸による「恋愛の不可能性」に関する以下の説明が分かりやすい。

> 愛する相手を、百貨店でネクタイを選ぶときのように、徹底吟味して、他と比較して慎重に選んだ場合には、本当の愛とは思えないのはなぜか、ということがわ

かってくる。われわれは愛する相手を一人選ぶ。確かにここで選択の作用が働いているのである。だが、誰かが、彼または彼女の恋愛の相手を、他の何人もの候補者と比較して、慎重に選択しているとすれば、われわれは、「これは愛じゃない」という印象をもつ。なぜか？　他と比較して一つ（一人）の物（者）を選んでいる場合には、まさにそれが、他から区別されて選出された、積極的な理由があるはずだ。その理由は、その選ばれた物・者がもっており、他がもっていないようなその物・者についての性質でなくてはならない。だが、述べてきたように、そうした性質が愛の理由になっているとすれば、それは本当の愛ではありえないのだ。「大澤、一九九八、一一一頁」

いずれにしても、恋愛の相手は、何らかの理由によって、選択されたものでしかない。ただし、論理的には、選択する相手を一人に限る必要はないだろう。複数であれ、唯一であれ、恋愛相手を選択した積極的な理由が提示されると、大澤が言うように「本当の愛じゃない」と感じられることもある。だから、「気が合う」とか「一緒にいて落ちつく」とか「自分を理解してくれる」などといった曖昧な理由がしばしば提示されることになる。そして、「気が合う人や、一緒にいて落ちつく人や、自分を理解してくれる人は、他にもいるかもしれない？」というさらなる疑問に対して答えを見出そうとすれば、エンドレス・ゲームとなってしまう。素朴に存在として考えれば、あらゆる人間に対する関係性はそれぞれが代替不可能（つまりそれぞれが固有な関係）なのだから、恋愛相手だけが代替不可能であることを論理的に証明することはできないのである。それでも、恋愛相手を代替不可能なものとして証明しようと試みれば、大澤が指摘するような不安がつきまとうことになる。

> 愛にとって、この愛は本当ではないかも知れないという不安は、本質的な構成要素である。不安は不可避に生じ、決して除去することはできない。不安は、次のような事情から生じてくる。第一に、不安は回答の強迫的な反復を強いる。すなわち、不安は「なぜ愛されているのか（なぜ愛しているのか）」という問の形式を取って現われるが、ある特定の人物を愛している積極的な理由は、その愛が唯一的なものである以上は、決して上げ尽くすことができないため、理由づけの終わりのない反復を強いられるのである。そして、第二に、この強迫的反復を一要素として含む悪循環が帰結する。不可能であるにもかかわらず理由を積み重ねていった場合には、その積み重ねが、ますます不安を助長するのだ。なぜならば、積極的な理由

づけは、かえって、その愛を相対的な（非唯一的なもの）として示したことになってしまうからである。［大澤、一九九八、三三頁］

このように、積極的な理由づけが「不安を助長する」ことから、大澤は「恋愛の不可能性」を結論づけた。けれども、私には、「不安が助長する」からこそ、むしろ恋愛が可能になるように思われる。そもそも、存在としてみれば、代替不可能な存在に対して、さらに代替不可能な積極的な理由を求めるという矛盾こそが、主体を恋愛へと駆り立てる推進力となっているのである。

既に現代日本社会では、恋愛相手を選択した積極的理由が、絶対的な理由ではなく、相対的な理由であることに気づいている人たちも少なくない。たとえば、女性誌『an an』（マガジンハウス）の七二六号（一九九〇年）の特集は「目的別に男を選ぶ。」だったし、一〇九一号（一九九七年）の特集は「本当の恋愛がしたいから、その違いを考える。」だった。本当の恋愛という観念が存在するためには、既に本当でない恋愛＝虚偽恋愛という観念が存在していなければならない。積極的な理由（〜だから好き）の背後に、必ず排他的な理由（〜だからイヤ）が存在しているように……。

おそらく、代替不可能性という恋愛のイデオロギーは、より根源的には、恋愛相手の代替不可能性ではなく、自己の代替不可能性に結びついているのだろう。恋愛をするためには、他者に自分のことを好きになって受け入れてもらわなければならない。けれども、よほどの自信家かナルシストでない限り、人間誰しも自己に対していくばくかの否定的なイメージを抱いている。つまり、ほとんどの人は、多かれ少なかれ、自分の中に、どうしても自分自身で好きになれないところを持っている。でも、恋愛の相手には、その自分を全面的に好きになって受け入れて欲しいと願う。そして、自分自身で好きになれないところがある自己を全面的に好きになって受け入れる他者を、全面的に好きにならなければならないことこそ、大きな矛盾だと言えるだろう。しかし、その大きな矛盾があるからこそ、自己を全面的に受け入れた他者を全面的に受け入れることが、主体にとって、自己の代替不可能性を強烈に保証しているように感じられるのである。

　したがって、恋愛相手や恋愛している自己に対して代替不可能性を求めようとすることは、一種の自分探しゲームだと言えるだろう。そして、その意味では、恋愛相手の選択は「ネクタイを徹底的に吟味して慎重に選択すること」と変わらないし、本当の恋愛と本当に手に入れたいモノとの間に大きな違いなどない。人が恋愛したいと思ったり、恋に落ちたりする時は、自己が不安定な時（寂しいとき）が多い。モノの消費[★07]に走る時も同じである。[★06] ただ、モノを手に入れるのは自分の意志と能力によって可能であるのに対して、恋愛の場合は、相手の意志次第で可能だったり、不可能だったりする。だからこそ、モノの消費よりも恋愛の方が、より強力な自分探しゲームになりうるのである。

◆誰にでも恋愛できるという嘘

恋愛をめぐる常識の中で、「誰にでも恋愛できる」と言うのは、最も大きな嘘かもしれない。「誰にでも恋愛できる」というのがタテマエであることは、誰でも知っている。恋愛は、相手に受け入れてもらえなければ成立しないのであるから、受け入れてもらえない人たちが存在するのは、当たり前である。ただ、誰もが感づいている嘘が建前上の常識として流通しているのは、何故だろうか？　二つの理由が考えられる。

その一つは、恋愛相手の選択が積極的な理由だけでなく排他的な理由にかかわっているからである。

たとえば、交際の申し出を断る理由は、「嫌いだから（排他的理由）」と言うよりも、「好きになれないから（積極的理由）」と言う方が、申し出た相手をいくらか傷つけずに済んだり、若干だが罪悪感を抱かずに済むことも多い。強力な排他的な

★06　ちなみに、私はモノに一目惚れしてしまうことがしばしばある。ただ、そのモノを手に入れてしまった途端に「ホントにこれでよかったのか？」という不安に苛まれ、憂鬱になることが多い。モノの消費と自分探しに関しては、[中根、1997][中根、2003] を参照されたい。

★07　商品としてのモノであれば、お金さえあれば手に入れることができるし、仮にお金がなくても、盗んだって手に入ることに違いはない。一方、恋愛相手のハートを盗むのは、自分の意志や能力だけではどうしようもない場合もある。

人間関係をもとにしてしか恋愛は成立しないから、恋愛はしばしば究極の差別だ★08と言われることもある。「他にもっといい人がいる」と思い込んでしまう方が、断られた時も傷つかないし、断った際にも自分を悪者にしないで済む。学校の先生が出来の悪い生徒に「君も頑張って努力すればできるようになる」って言う気休めと同じで、ありえないと思っても可能性だけ示唆しておく方が社会的に無難なのである。

二つ目の理由は、蓼食う虫も好き好きということが、恋愛には稀であっても存在しているからである。

たとえば、どうしても、究極のモテナイ君やモテナイさんにしか思われないような人たちが恋愛している不思議な光景を目にすることは、よくあるだろう。それが意外な組合せであっても、納得の組合せであっても（当人や当人たちには「失礼な」と言われてしまうだろうが）、そうした恋愛は、起こりうるというよりも、現実に起こっているのである。

『週刊SPA!』に連載されている倉田真由美のベストセラー・コミック『だめんず・うぉ～か～』★09に登場する男たちは、ほとんど常識的な限界を超えたギリギリの人間である。つまり、このコミックに登場するだめんずたちは、一般的な常識や価値観にもとづけば、排他的な理由によって恋愛相手から排除されるべき存在としてカテゴリー化される男たちなのである。だから、だめんず・うぉ～か～たちは、排他的理由を物ともせずにだめいたちを何らかの積極的理由で選択していることになる。考えられるのは、「こんな人を愛せるのは私しかいない」という強烈な思い込みが、代替不可能性を強力に保証してくれるということである。もちろん、このコミックに登場するだめんずたちは、「誰にでも恋愛できる」という可能性や希望を男性読者に少なからず与えているのも事実である。ただ、コミックに若干の誇張があることを考慮しても、恋愛相手を選択する理由は十人十色で、蓼食う虫も好き好きということは稀に存在するのも、また、事実なのである。

そうであっても、誰にでも恋愛できるというのが嘘であることは間違いない。言うまでもなく、恋愛では、恋愛対象を惹きつける性的魅力を備えていればいるほど有利だ。だから、恋愛は、資本主義的な自由競争と同じで、強者であればあるほど有利になっている。資本主義的な自由競争は弱者が敗者になるけれども、恋愛の自由競争は、弱者に競争への参加さえ認めない。恋愛の格差［村上、二〇〇二］が存在するのは、歴然とした事実なのだ。

いくらコミュニケーション能力を高めようと努力したり、ファッ

★08 「結婚差別」という差別問題は現実に存在しているのに対して、「恋愛差別」という差別問題の存在は聞いたことがない。もちろん、排他的理由の全てが差別であるわけではないけれども、実際のところ、排他的理由の多くが差別的なものであるのも事実だろう。おそらく、恋愛の場合は、当事者間の「自由意志」が前提となっているからだと考えられる。つまり、「結婚差別」の場合、当事者間の「自由意志」に対して、彼／彼女らの家族や親族が不当な介入を行なうことによって問題化されるけれども、恋愛の場合には、当事者間の「自由意志」だけが想定されているからである。ただ、「男／女らしい」というジェンダー規範を含めて、恋愛相手の選択は差別的に行なわれることが多いし、そうした差別的な規範によって「自由意志」が社会的に構成されることも多いだろう。

★09 『だめんず・うぉ〜か〜』が『週刊ＳＰＡ！』に初めて掲載されたのは、2000年6月である。

ションセンスを磨いたり、ダイエットしたり、恋愛マニュアル本で学習してみても、恋愛できるとは限らない。泳げない人がいくら泳ぐ方法を頭の中にたたき込んでも、決して泳げるようにならないのと同じである。しかも、水泳は命懸けで実践してみれば、多少の効果があるかもしれないけれども、恋愛は相手次第だから「愛されよう」と努力しても多分どうなるものでもない。いくらか現実的な効果が期待されるのは、「愛する」許容範囲を拡げようと努力することだろう。

小谷野敦が言う「もてない男」は、そのことを示唆している。

> どうも自分の念頭にある「もてない男」は、世間で言うそれとは違うことらしいことに気づいた。世間で言う「もてない男」というのは、ほんとうに、救いがたく、容姿とか性格のためにまるで女性に相手にしてもらえない男のことを言うらしい。じつは私はそこまで考えていなかった。私がもっぱら考えていたのは、好きな女性から相手にしてもらえない、というような男だったのである。［小谷野、一九九九、七〜八頁］（傍点引用者）

私は、小谷野による「もてない男」の定義を読んだとき、正直なところ、その定義が何を意味しているのか全く理解できなかった。ただ、ある日、若い女性たちと話していて、ようやく彼の「もてない」という意味を理解することができた。その時の話は、「イヤな男によくつきまとわれて困っている」というもので、私が「まあ、モテルんだから……」と言うと、「そういうのはモテルとは言わない、モテルというのは好きな人にモテルということだ」と言われてしまった。その時ハッと気づいた。私みたいに、つきまとわれたことのないタイプの人間には、羨ましいぐらいに思えることが、イヤな相手につきまとわれる人たちにとっては、迷惑を通り越して深刻な被害になっていたのである。

想像力を駆使して自分がイヤな相手から次から次へとつきまとわれる光景を思い浮かべてみよう。なるほど、気持ち悪いだけでなく、自分の振る舞いに何か問題があるかもしれないとか、自分自身に致命的な欠陥があるんじゃないかとさえ思ってしまうだろう。そう考えれば確かに、「もてる人」とは好きな相手に受け入れてもらえる人のことになるから、「もてない人」は——小谷野が言うように——好きな人に受け入れてもらえない人となる。

それでは、「もてる人」の条件とは何か？　恋愛相手を惹きつける性的魅力を備えていても、「もてる人」にはなれない。むしろ、性的魅力以前に、「好きになる」＝「愛する」許容範囲が大きければ大きい程、相手に受け入れてもらえる可能性も大きくなる。逆に、どんなにコミュニケーション能力が高くても、ファッションセンスに磨きがかかっていても、相手を「好きになれない」＝「愛せない」人間は、決して恋愛できない。つまり、「好きになる」＝「愛する」許容範囲が狭ければ狭い程、恋愛できる可能性は少なくなる。ただ、注意してほしいのは、許容範囲を拡げるべきだなんて、言っているわけではない。恋愛は誰もがしなければならないものではないのだから、恋愛できない人が恋愛する必要など全くない。

人間には、できないことをしなければならない必要などありはしないのだから……。

◆恋愛は自由か？——自由意志・自由選択という陥穽

私が講義の受講生に出した「あなたが恋愛行為だと考えていることを具体的に書いて、恋愛行為を社会学的に定義せよ」という課題レポートの中に、「恋愛とは耐えることです」という回答がいくつもあった。「精神的な不安に耐えることか？」と思って読んでみたが、どの回答もそうではなくて、「耐える」とは「我慢する」ということだった。つまり、恋愛を継続するために、我慢して耐えるのである。

一般に、「恋愛は自由だ」と言われるのは、恋愛をするか／しないかが、当事者それぞれの自由意志にもとづく自由選択に委ねられているからである。

結婚の場合、婚姻関係を結ぶ際には、当事者それぞれの自由意志にもとづいて成立するけれども、婚姻関係を解消する離婚は、一方の意志だけではできず、両方の同意によるか、あるいは、調停という形で当事者以外の判断にもとづいてしか成立しない。また厳密に言えば、結婚・離婚は、法律にもとづくという点で、当事者以外によって認められるということではどちらも同じである。つまり、双方が自由意志で結婚したいと思っても、結婚が法律で認められないこともある。

他方、恋愛は、双方のうち一方がやめたいと思えば、その関係を解消できるはずである。もちろん、その恋愛が結婚を前提として何らかの婚姻の手続きにかかわっている場合には、「婚約不履行」という法的な問題をクリアしなければならない場合もある。けれども特別な事情がない限り、恋愛は、一方がやめたいと思えばその瞬間にやめることができる（はずだ）。そして、恋愛をやめる理由は、何でもかまわない。「他に好きな人ができたから」でも、「好きでなくなったから」でも、「もう厭きたから」でもいいし、「特に理由などない」とか、「言いたくない」とかでもかまわない。恋愛は、互いに恋愛するという双方の意志があって成り立つのであるから、一方にその気がなくなれば終わりである。

ただ、現実には、一方が別れたいと思っても、すんなりといかない場合が多いのは、何故だろうか？

それは、多くの人たちが継続性のイデオロギーに囚われているからである。継続性のイデオロギーとは、「恋愛が継続すべきものだ」という思い込みである。すなわち、継続しない恋愛は失敗であり、恋愛を継続できない人間はダメ（不幸な）人間である、という思い込みが、継続性のイデオロギーからもたらされるのである。

継続性のイデオロギーは、しばしば、恋愛を自由から束縛へと転換させてしまう。我慢して耐えて恋愛を続けようとしたり、恋愛をやめたいと思う自分がダメ人間や悪人に思えて別れを切り出せなくなったりする。もっと深刻なのは、別れを告げられた方が継続性のイデオロギーを楯にして、相手の「別れたい」という自由意志を侵害する場合である。双方が継続性のイデオロギーに囚われていて、一方が「別れたい」と思い、他方が「別れたくない」と思ったら、事態は泥沼と化す。継続性のイデオロギーに囚われていると、「別れたい」と思う方は、その理由を相手に説明して納得してもらおうとしてしまう。けれども、「別れたくない」方は、決して納得などしないし、相手を悪者に仕立て上げて、「もう一度やり直してみよう」っていうことにしかならない。こうした悪循環のような恋愛は、実際に存在する。ただ、そうした恋愛は、始める時に自由意志による自由選択があっただけで、解消するときには、双方がお互いを不自由さで縛っていることになる。

相手を好きになるのに理由などいらないように、好きでなくなるのにも理由は必要ない。もし、双方が自由な恋愛をしているのであれば、別れに際して、相手を説得する必要もないし、別れの理由に納得する必要もない。だから、恋愛の達人とは、別れ上手な人であり、且つ、その引き際が見事なまでに潔い人である（と、私は考える）。

6 恋愛する資格

恋愛する資格のないものが「恋に落ちたり」「恋愛しよう」とすると、ストーカーになったり、セクハラ[★10]になったりする。それでは、恋愛する資格とは何か？ それは以下の二つの能力を備えていることである。

●恋愛対象である相手による「拒絶のサイン」をきちんと理解できる能力
●厭な相手に対して「拒絶のサイン・意志」をきちんと伝える能力

あえて能力という言葉を用いているのは、恋愛する資格のないものが存在するということを強調するためである。既に述べてきたように、誰にでも恋愛できるわけではないし、誰もが恋愛する必要などない。同様に、誰にでも恋愛する資格があるわけではないのである。

ところで、小谷野敦は、「もてない男」の立場にたって、恋愛至上主義＝恋愛教に反旗を掲げ、「恋愛からの解放」＝「恋愛しない自由」〔小谷野、二〇〇〇、六九頁〕を説いて話題になっている。小谷野による独特な「もてない男」の定義は既にみたとおりであるけれども、意外にも彼は「もてない男」のもてない原因の一端をきちんと捉まえている。

「もてる／もてない」の境目は、「選り好みをする／しない」と重なり合うところ大なのである。そして、「惚れる」というのは選り好みをするということが極大化され、ある一人の異性に執着してしまうということにほかならない。そうなった際、その当の相手から振られるということは、実はいかな美男美女でもありうることなのである。〔小谷野、二〇〇〇、一〇〇頁〕

この文章に付け加えておかなければならないのは、「いくらコミュニケーション能力に長けていて口八丁手八丁の口説き上手であっても、やはり振られるということはありうる」、ということだ。つまり、小谷野の「もてない男」は、私が先に指摘した言葉を使えば、「好きになる」「愛する」許容範囲が狭いということでしか、結局のところ、定義できないのである。ゆえに、小谷野自身が言っている「恋愛弱者論」〔小谷野、一九九九、六七頁〕というのは、文学的なレトリックと理解しておかなければならない[★一一]。そうすると、小谷野の恋愛否定論は、ある程度、納得できる部分もある。

> ところで、「人に迷惑をかけなければ何をしてもいい」という倫理思想がある。だが、この「迷惑」という日本語が曲者である。たとえばこれを「傷つける」に変換することは、実はできない。つまり、狸君が兎ちゃんに懸想《けそう》する。兎ちゃんにとってこれが「迷惑」なので撥《は》ねつける。すると狸君は「傷つく」からである。〔小谷野、二〇〇〇、九八頁〕

ただ、狸君が行なう兎ちゃんへの懸想の仕方次第では、兎

★10　セクシャル・ハラスメント（セクハラ）とは、何らかの権力関係を前提として、性的な嫌がらせを行なうことを指す。この場合、権力関係とは、上下関係だけではなく、当該行為を発生させるための条件を規定しているもの全てが含まれる。したがって、女性が男性に対してセクハラをする場合もありうるけれども、一般的にも、現実も加害者は男性で、被害者は女性である。ジェンダーにおける権力関係が存在している限り、男性は、その存在そのものがセクハラになる可能性を否応なくもっている存在である。日本社会では、いまだに、セクハラを加害者／被害者関係に限定してとらえるケースが多いけれども、セクハラの根幹にある問題は、あくまでも、それを発生させる権力関係にある。したがって、男性に関しては、直接に女性に対してセクハラ行為を行なっていないようにみえても、セクハラを発生させるような権力関係に無自覚であれば、その時点でセクハラ存在そのものとなる。たとえば、実際に、セクハラ行為が行なわれている場面で、その行為自体に異議申し立てをしないのであれば、その男性は、その時点でセクハラ行為に荷担していることになる。そして、セクハラとは、何よりも、それを発生させる権力関係の解体にむけた社会問題カテゴリーである。

ちゃんも傷つくこともあるのだけれども、ここではそれにには触れないでおこう。重要なのは、兎ちゃんから自分の思いを撥ねつけられた「狸君が傷つく」というところである。実のところ、狸君は傷ついたのだから、恋愛する資格を有している。つまり、兎ちゃんから発せられた拒絶のサインを理解できたからこそ、狸君は傷ついたのである。★12

この時点で、狸君には、二つの選択肢が生まれる。

一つは、小谷野が言うように、「恋愛するのをやめる」ことである。恋愛する資格を有していても、恋愛しなければならないわけではない。運転免許を持っていても、クルマを運転しなければならないことはない。つまり、小谷野が提案しているのは、自分が「傷つく」のに耐えられない人間が、「無理して恋愛する必要などない」、ということである。確かに、自己が他者に拒絶されることによって「傷つく」のに耐えられず、ルサンチマンを抱え込むくらいなら（こうした人間を恋愛弱者と呼ぶべきだろう）、恋愛などしないほうがいい。

二つ目の選択肢は、「傷つく」ことに耐えて、それを乗り越え、懲りずにまた恋愛しようとすることである。つまり、自己を拒絶されて「傷つく」ことを物ともせず、また敢然と恋愛ゲームに参画しようする懲りない強者たちだけが、恋愛する資格を有しているのである。

問題は、相手からの拒絶・拒否のサインに気づかないコミュニケーション能力の欠如した者たちである。こうした人間たちは、決して、傷つかない。そもそも、拒絶や拒否を理解する能力がないのだから、傷つきようがなく、厄介である。ただ、実際には、「傷つく」のが怖くて、拒否されていることを認められず、自己正当化を図っているうちに、そうなってしまう人間も多いだろう。こうした能力のない人間や弱い人間には、恋愛する資格はない。

さらに厄介なのは、自らの恋愛感情の純粋さや真面目さを楯にして、「自分を受け入れてほしい」と相手に迫るタイプである。この種の自意識過剰なタイプの人間は、「自分が相手を好きという感情がいかに強い気持ちであるか」を強調することも多い。自己の恋愛感情の純粋さや真面目さや強さなど、恋愛をするか否かを決定する相手の意志とは全く何の関係もない。厭なものはイヤなのだから、嫌なものは受け入れることはできないのである。実は、恋愛感情（＝好き）における純粋さや真面目さや強さを他者に対して強調する主体は、自己正当化のレトリックとしてそれらを用いているのである。

最も危険なのは、恋に落ちている輩である。自己制御不能な者ほど、無自覚で厄介なものはない。こうした輩に対して、拒絶のサインや拒否の意志を伝えるのは、容易でないかもしれない。ただ一つ言えることは、「恋は命懸けでする」ものなのだから、恋に落ちている輩を拒否したり拒絶したりする手段は選ばずともよい、ということである。

★11　ただ、小谷野は、さすがに元文学者からなのか、様々な文学的なレトリックを駆使して、「もてない男」を弱者へと上手くすり替えている。おそらく、このすり替えは、恋愛教＝恋愛至上主義を批判することを目的とした意図的なものだろう。

★12　もちろん、厭な相手に対して拒絶のサイン・意志を伝えることのできた兎ちゃんも恋愛する資格を有しているのは、言うまでもない。

まして、同情など一切必要ないから、そうしたモラルは棄ててかかることである。恋にルールやモラルなどないのだから、それを拒否するのにもルールやモラルは必要ない。[★13]

さて、最後にもう一つ厄介な問題を片づけて、終わりにしよう。

恋愛とは、「互いに」恋愛感情を抱く行為主体同士が明確な意図を持って「その都度」行なう社会的行為であるから、一度、恋愛行為を行なってしまったからといって、必ずしも二度目があるとは限らない。ただ、先に指摘した継続性のイデオロギーを楯に、相手からの拒否のサインを受け入れようとしない輩は、結構多い。拒否しようとする側が、継続性のイデオロギーに囚われていると、事態は非常に厄介になる。確かに、告白した途端に拒否されたのであれば、傷も浅いけれども、一旦受け入れられた後、拒否されたとなると、心に深い傷を負うこともあるだろう。けれども、もし、自由な恋愛というものがあるとすれば、それは、どちらか一方がやめたくなったら、いつでも降りられるゲームでなければならない。恋愛物語のはじまりには、双方が胸をときめかせて入っていくけれども、終わりにはたいてい哀しい結末が待ちかまえている。その哀しさに耐えようとする者だけに恋愛する資格は開かれている。

★13　小谷野は次のように言っている。
「しかし振られて諦められるような代物を「真剣の恋」と呼べるか。振られて諦められるような「恋」こそ、何の覚悟もない「恋」ではないのか。」［小谷野、2000、96頁］
　この文章の文脈では、小谷野の言う「恋」が自己制御不能な恋なのか、自己制御可能な恋愛なのか分からないけれども、いずれにしろ、振られたからといって必ずしも諦める必要はない。振られた時点で、恋愛することはできないのだから、「振られた」ことを理解していれば、その後、諦めるか／諦めないかは、本人の自由意志に委ねられる。

文献

小谷野敦、一九九九、『もてない男――恋愛論を超えて』ちくま新書

小谷野敦、二〇〇〇、『恋愛の超克』角川書店

倉田真由美、二〇〇一〜二〇〇六、『だめんず・うぉ〜か〜 ①〜⑪』扶桑社

松田道雄、一九七〇、『恋愛なんかやめておけ』筑摩書房（→一九九五、朝日文庫より再版）

望月高、一九九三、「デイト dating」森岡清美ほか編『新社会学辞典』有斐閣

村上龍、二〇〇二、『恋愛の格差』青春出版社

中根光敏、一九九七、『社会学者は2度ベルを鳴らす――閉塞する社会空間／熔解する自己』松籟社

中根光敏、二〇〇三、「モノと消費をめぐる社会学的冒険」中根光敏・野村浩也・河口和也・狩谷あゆみ『社会学に正解はない』松籟社

大澤真幸、一九九八、『恋愛の不可能性について』春秋社

梅香彰、二〇〇四、『「恋する力」を哲学する』ＰＨＰ新書

Weber, Max, 1922, "Soziogische Grundbegriffe", *Wirtschaft und Gesellschaft*（＝一九七二、清水幾太郎訳『社会学の根本概念』岩波文庫）

column

恋愛の行方

恋愛する不安

恋愛行為とは、恋愛している当事者（もしくは双方）が、主観的に恋愛行為であると意味づけている行為である。すなわち、接吻《キス》でも、性交《セックス》でも、デートでも、食事でも、メールの交換でも何でも、当事者（双方）がそれを恋愛行為として意味づけていさえすれば、恋愛行為なのである。だから、この行為こそが正真正銘の恋愛行為だ、という具体的な行為は論理的に存在しない。

恋愛行為は、通常、代替不可能性を保証すべく積み重ねられていくことになる。けれども、現実に、それらの行為が具体的である限り、それは全て恋愛でなくても行なわれてしまう。それゆえに、一般的には、恋愛している双方は、恋愛行為を強固な排他性にもとづいて――時にはそれぞれ別々に異なっていたとしても――意味づける傾向が強くなる。つまり「恋愛相手以外とは○○しない」という倫理を内在化していくことで、その相手と「恋愛している」ことを確認していくのである。互いにその相手以外とは「○○しない」ということを約束しているような場合もあれば、双方が暗黙に「○○しない」のを了解している場合もあるし、互いがそれぞれ勝手に「○○しない」と思い込んでいることもある。恋愛を行為として考えてみると、非常に曖昧な定義になってしまう。

かつては、大半の人たちにとって「恋愛行為」を決定的に意味づけるような共通の基準があった。四〇～五〇年くらい前であれば、結婚を前提として付き合っていれば、一緒に、ハイキングに行っても、映画を観に行っても、お茶を飲んでも、恋愛していることを確認できた。こうした時代では、お付き合いを開始する（つまり告白する）際、決め台詞は「結婚を前提にお付き合いしてください」だった。[★01] その後、恋愛が結婚から自立すると、A・B・C[★02]などを含めて性交の経験が恋愛行為の決定的な基準となった。ただ、一〇年ひと昔とすれば二昔くらい前から、セックスが必ずしも恋愛行為を決定づけるものではなくなりつつある。

赤川学は、一九九〇年代の主要な恋愛ドラマ[★03]に関して、「セックスを経験しながら、それに安住できず、真の恋愛を求めてさまよう男女の姿を描いている」［赤川、二〇〇六、二一〇頁］と指摘した後、次のように結論づけている。

「恋愛から結婚してセックス」あるいは「恋愛からセックスを経験して結婚」というライフコースが一般的でなくなるにつ

れて、恋愛と性欲、あるいは恋愛とセックスの関係も一様ではありえなくなってきた。そしてセックスよりも恋愛が困難な時代の到来……。このような時代に、わたしたちはいかなる「性愛の倫理」を築きあげることができるのだろうか。［赤川、二〇〇六、二一一頁］

確かに、「クリスマス・ソングが流れる頃になったら誰を愛してるのか分かるだろう」という凄い意味の歌詞で、「今はよく分からない」と嘆いたテレビドラマの主題歌が流行したのも一九九〇年代の初頭であったし、女性誌が「本当の恋愛」を見出しに特集を組み始めたのも一九八〇年代後半だった。「本当の恋愛」というカテゴリーが、多くの女性たちに共有されているということ

★01　冗談ではなく事実である。今なら、こんな告白などしようものなら、「結婚するかどうかなんて、付き合ってみないと分からないでしょう」っていうことになるだろう。

★02　A＝キス、B＝ペッティング、C＝セックス、という隠語は、既に死語となって久しい。

★03　赤川が代表的なドラマとしてあげているのは、『東京ラブ・ストーリー』（一九九一年）、『ふぞろいの林檎たちPart 4』（一九九七年）、『ラブ・ジェネレーション』（一九九七年）、『WITH LOVE』（一九九八年）、『パーフェクト・ラブ』（一九九九年）、である。

は、既に、彼女たちは「本当でない＝虚偽恋愛」の存在を——自分で経験していなかったとしても——理解していることになる。

だから、赤川の言うような「恋愛が困難な時代」が到来しているわけではない。むしろ、「恋愛が簡単な時代」になってしまったからこそ、「本当の恋愛って何だろう?」という不安に嘖まれるようになったのだ。そして、かつて障害にぶつかればぶつかるほど、恋愛感情が掻き立てられた時代に代わって、不安になればなるほど、恋愛へと駆り立てられていく＝「恋愛する不安」の時代が到来しつつあるのである。

恋愛蒟蒻《こんにゃく》問答

さて、（本当の）恋愛の意味が曖昧模糊となってしまった状況下で、ジェネレーション・ギャップが引き起こした蒟蒻問答をいくつか。

「恋愛っていう感情がよく分からないんですけど、私って異常なんでしょうか?」

大学で恋愛をテーマに講義した後、二人の女子学生が教壇へやってきて、「ホッとしました」と言う。その一人から話を聴いてみると、かつて「恋愛っていうのがよく分からないし、そういう感情を持ったこともない」と相談したら、「それは異常で、そんなことでは結婚できないし、幸せにもなれない」とカウンセラーに諭されたということだった（この時のカウンセラーの言葉が職務上のものであるのか、一般的な会話なのかは不明）。講義で恋愛至上主義＝恋愛イデオロギーを取り上げ、「必ずしも誰もが恋に落ちるわけでもないし、恋愛感情を抱くわけでもない」と聞いて、当人は少しだけ安心したらしい。

「人を好きになるって悪いことですか？」

帰宅時間が遅くなって、親と口論になり、親から「恋愛もいけないし、人を好きになってもいけない」と叱られた女性から、「人を好きになるって悪いことですか？」と質問された。おそらく、当人は、質問するつもりなどなく、親の非道を一緒に非難して欲しかっただけだったのだろう。咄嗟に、「人を好きになるなんて、悪いことに決まってるでしょう」と答えると、一瞬、驚愕の表情から一転、何か忘れていたことを思い出したように、当人は納得した。

他の人たちを選り好みしてはいけないのだから、特定の人を好きになるのは、悪いこと。そもそも人を好きになるのは恥ずかしいことであり、しかも悪いことなんだから、そんなことを、親になんか言えないはずだし、もちろん、言う必要もない。

「本当に好きかどうか分からない」

なんとなく胸のあたりがザワザワするように、誰かが気になる。そういう場合なら、「本当に好きかどうか分からない」というのは、「好きなのかどうかまだ自分の気持ちが分からない」ということにすぎない。ただ、既に、双方が告白を済ませ、することをしてしまっている場合、「本当に好きかどうか分からない」という疑念は、自分自身の相手に対する気持ちだけでなく、相手の自分に対する気持ちに対して、何か引っ掛かるものがあるのである。

この引っ掛かる気持ちを取り除くことは難しい。恋愛は法で決められているわけでも、制度で保証されているわけでもないから、何をもって「本当に好き」という基準は存在しない。だから流行歌《ポップミュージック》には、「ウソでいいから」とか「永遠のウソをついて」とかいう意味の歌詞がよく登場するわけである。

それでも、疑念を払拭したい場合、どうすればいいのか。信じるしかないのである。恋愛をしたい、続けたいのであれば……。どうやって信じるのか？

本書の chapter1 で引いたG・ジンメルによる二つの「信頼」に関する記述〔本書、三四〜三五頁〕を思い起こしてみよう。

一般に、誰かを信じるというのは、その人について「完全に知っていること」と「全く知らないこと」との中間状態で起こる。完全に知っていれば信じる必要はないし、全く知らなければ信じることなどできないからだ。相手について、ある程度知っていることがあって、もっと知りたいって思うことから、恋愛感情は始まると言えるだろう。ただ、このように、ジンメルによる「無知と知識の中間状態」にある信頼からは、「本当に好きかどうか分からない」という疑念を払拭できないことが分かるだろう。

だから、一般に誰かを信じるのではなく、ジンメルの言う「原初的な信頼」こそが、恋愛に関する疑念や不安を払拭するためには必要となる。すなわち、相手に対して「あらゆる証拠をこえて、しばしばあらゆる証拠にさからってさえ」「信頼を固持するということ」〔Simmel, 1912=1998:263〕が必要なのである。

もちろん、「本当に好きかどうか分からない」という疑念を払拭したからといって、当人が幸福な恋愛を堪能できるかどうかは分からない。あしからず。

「友達は沢山いたほうがいいって言うのに、どうして恋人は沢山いたらいけないんでしょうか？」

ゼミで、恋愛をテーマにした研究報告に関する議論の最中に、しばしば私がゼミ生たちに投げかける問答である。ゼミ生たちからは、「悪魔の囁き」と呼ばれている。

議論をふっかけられた学生は、多くの場合、必死で反論しようと抵抗し、たいてい「原初的な信頼」へと逃げ込む。

「自分よりも魅力的な男性／女性は他に沢山いるでしょう」「付き合っている相手よりも良い男／女は他に沢山いるでしょう」「もっと好い相手に巡り会って好きになってしまうこともあるでしょう」「そんな時にはどっちも好きになってしまうかもしれないでしょう」「いま付き合っている人も魅力的かもしれないけど、新しく好きになった人は別の魅力があるかもしれないでしょう」「どちらかを選べないような気持ちになるかもしれないでしょう」と追い打ちをかけると、何人かは「確かに」と同調しそうになり、「駄目駄目、マインドコントロールされかけてるよ」と他のゼミ生から正気に戻るよう促される。

「やっぱり恋愛」という時代

二〇〇六年七月～九月に放映された一二回連続のドラマ『結婚できない男』（関西テレビ企画・制作）は、平均視聴率一六・四％、最終回の視聴率二二・〇％と高視聴率★04を記録した。

　建築デザイナー・桑野信介（阿部寛）が腹痛をおこし急患として搬送された病院で、内科勤務医・早坂夏美（夏川結衣）の診療を受けたことで、二人は出会う。互いに結婚適齢期を過ぎつつあり、周囲からのプレッシャーを受けていることでは共通している。信介には結婚願望はないが、夏美は結婚に対して焦りを抱きつつある自分に気づきはじめている。孤独をこよなく愛し「結婚しない男」を自称する少々偏屈な信介に対して、社交的な夏美。対照的な性格の二人が互いに惹かれあっていくというストーリーは、ドラマとしてはありふれたものである。

　ただ、このドラマが他の恋愛ドラマと違うのは、二人が惹かれあっていくプロセスに、互いの性的な魅力が全く描かれていないことである。ドラマには、信介がアダルトビデオをレンタルしようとして、体裁を気にして借りられないというシーンが何度か挿入されているが、これらのシーンはむしろ性と恋愛とが切り離された別の次元であることを暗示しているかのようにも解釈できる。つまり、このドラマには、主人公（たち）を中心とした恋愛の場景に、性のニオイが描かれていないのだ。

　気になったシーンを二つばかり。

第五話「家に人を入れないで悪いか!!」の一シーン

　信介は建築事務所で過労で倒れて病院に運び込まれる。病室のベットで横になっている患者の信介に対して、回診にきた夏美は「家事とか料理してくれる人がいれば、仕事に集中できていいじゃないですか?」と言う。信介は「家事をさせるためなら、家政婦を雇えば済む話だ」と応えるが、夏美は「結婚と、家政婦を雇うのは違うでしょう?」と食い下がる。即座に、信介は「生活を保障して家事をやらせる点でおんなじです」と言い放つ。一緒に病室にいた妹（三浦理恵子）から「お兄ちゃん、愛情があるかどうか、この違いは大きいわよ」と言われても、信介は「愛情でごまかせるうちはな」と吐き捨てる。

ドラマの展開としては、このやりとりで夏美は「意外にまともなことを言う」と信介を見直し、惹かれていく。

このシーンは、「家事」を「セックス」に置き換えても、登場人物たちのやりとりが不思議にも成り立ってしまうし、信介の発言も論理的にはそれなりに一貫している。もちろん、この場合、夏美が信介に惹かれていくというドラマ上の展開までは望めないが。

第九話「彼女ができて悪いか!!」の一シーン

「桑野に彼女ができた」と勘違いした夏美は、半ば勢いで見合をする。その最中に、見合相手に対して「私、やっぱり恋愛がしたいんだと思います。ただ結婚したいんじゃなくて、恋愛して、結婚したいんだと思います。いい歳して変ですか?」と正直な胸の内を明かしてしまう。

赤川が指摘したように、「恋愛から結婚してセックス」「恋愛からセックスを経験して結婚」という一般的なライフコースを描いていないこと

★04 ビデオリサーチ社の調べによる関東地区の数字である。

では、『結婚できない男』も同じである。けれども、セックスを除いてしまえば、このドラマで描かれているライフコースも「恋愛から結婚へ」というお決まりのコースである。

『結婚できない男』は、ドラマのタイトルに「結婚」を用いながらも、主題として描かれているのは、恋愛模様である。そして、このドラマが高視聴率を獲得したのは、好感度の高い人気俳優・阿部寛を主人公（桑野信介）に起用したためだけではないだろう。というのは、信介というドラマ上のキャラクター自体が「結婚できない男」どころか、全くその逆なのである。専門職の建築デザイナーで仕事ができ、収入面では不安はない信介自身は、こよなく孤独を愛していても、自然と周囲には信介を放っておかない仲間が集まってしまう。しかも、料理や掃除など家事をほぼ完壁にこなす信介は、「結婚する必要のない男」であって、決して「結婚できない男」でも「恋愛できない男」でもない。おそらく、その「結婚する必要のない男」も、「やっぱり恋愛」していくというハッピーエンドな結末が、視聴者を安心させ、高視聴率へと繋がったのだろう。[★05]

「やっぱり恋愛」という時代は、まだまだ当分続きそうに思われる。

付記

蒟蒻問答とは、「にわか坊主の蒟蒻屋六兵衛が、旅僧にしかけられた禅問答のしぐさを蒟蒻の出来具合だと思い、とんちんかんなしぐさで答えて禅僧を負かす」という落語の一話で、それが転じて「とんちんかんな問答・返事」を意味するようになった言葉である。（『大辞林』第三版より）

文献

赤川学、二〇〇六、『構築主義を再構成する』勁草書房

Simmel, Georg, 1912, *Die Religion*, Literasische Anstalte Rutten & Loening（＝一九九八、「宗教社会学」居安正訳『現代社会学大系　第1巻　新編改訳　社会分化論　宗教社会学』青木書店）

★05　ドラマに登場するケン（パブ犬）の名演技も、高視聴率獲得に寄与した点で、助演男（？）優賞に匹敵するかもしれない。

chapter 3
「性の商品化」をめぐるポリティクス

1　幽冥《ゆうめい》の人魂《ひとだま》

きっと東通り商店街から阪急・梅田駅に向かう途中だったのだろう。何故かその時、堂山交差点の横断歩道を渡っていたことを覚えている。誰から聞いたのかは覚えていない。私が大阪で暮らし始めた時だから、もう二〇年以上も前のことである。それは「天王寺公園に卦体《けたい》な商売をする女性が出没する」という話だった。

天王寺公園では日が沈むと、「燐寸《マッチ》いりませんか?」と男(たち)に声をかける妖しげな女性が出没する。燐寸の値段は、交渉次第だが、おおよそ一本千円〜三千円くらい。男(たち)は、燐寸を擦って火を灯し、燐寸棒が短くなって、手が熱くなるのに耐えられるだけ耐えながら、下着を着けていない女性のスカートの中を覗き込む。その女性（たち）は、「マッチ売りの少女」と呼ばれている。

その後、天王寺公園には何度も足を運んだけれども、残念ながら「マッチ売りの少女」には、結局一度も出会す機会がなかった。一九八七年、天王寺博覧会を機に、天王寺公園は有料化されて、夜間閉鎖されてしまったのである。

さて、この「マッチ売りの少女」は都市伝説の類ではない。後々、実際に燐寸を買ったことのある人から話も聞いたし、燐寸や蠟燭で秘所を見せることを生業にしていた女性たちが存在していたことが記録されている文献もいくつか読んだ。また、同様の商売は、現在も存在している。ただ、暗闇に灯されるのは、燐寸でも蠟燭でもなく、懐中電灯へと替わっているようである［文、二〇〇六］。

天王寺公園は、大坂夏の陣で徳川方と豊臣方の武将たちが壮絶な野戦を繰り広げたことで知られている茶臼山にあり、一九世紀後半までは何もないただの荒れ地だった。一九世紀も終わりに近づくと、大坂の人口増加に伴い、南大坂の開発が計画されることになる。その頃には、既に大規模なスラム＝下層社会が茶臼山のすぐそばまで拡張していた。現在の日本橋電器屋筋付近に形成された名護町（長町）スラムである。

一八八八（明治二一）年に「眺望閣《ちょうぼうかく》」という展望台を中心とした遊園地が現在の難波駅南につくられたことを皮切りに、一八九〇年に「自動鉄道・今宮臥龍館《がりょうかん》」と称する遊技場が開業した。前年の一八八九年には「偕楽園《かいらくえん》商業倶楽部」と称した庭園・談話室・温泉・舞台・玉突き場などを備えた大遊技場も、今の新世界の北入口付近に開業している。この偕楽園商業倶楽部は、国内外の商品や機械類を展示する館も併設していたけれども、開業僅か一二年で大阪市に売却された。一九〇三年（明治三六）年に開催される「第五回内国勧業博覧会」用地としてである。

この博覧会の跡地に、天王寺公園が開園したのは一九〇九年で、一括で払い下げられた残りの土地を取得した「大阪土地建物」が大歓楽街「新世界[★10]」を開発することになる。新世界に大阪のシンボルとなる通天閣（初代）が完成したのは一九一二年で、戦時下の一九四三年に軍事資源供出のために解体される。また、新世界一帯も一九四五年三月の大阪大空襲で跡形もなく焼失してしまうことになる。

太平洋戦争敗戦後しばらくの間まで、茶臼山一帯は、「アオカン」と呼ばれた路上売春のメッカだった。隣接する恵比寿や釜ヶ崎は、戦災で焼失した後、戦災被災者たちを中心として形成された「一大バラック街＝南大阪のスラム」として復興することとなる。

一方、現在の通天閣（二代目）は一九五六年に開業する。

丁度その頃、新世界は当時流行だった映画館が集中するなど歓楽街として最盛期を迎えることになる。つまり、それ以降、大阪の歓楽街の中心は、難波を中心としたミナミと梅田を中心としたキタへと移り、新世界は旧歓楽街として衰頽の一途を辿ることになるのである。

それから後、新世界が辛うじて賑わいをみせたのは、一九七〇年に吹田市で開催された大阪万国博覧会の時だった。バブル経済期の一九八七年に開催された天王寺博覧会は、博覧会自体が興業として惨憺たる結果に終わり、一九九七年にオープンしたアミューズメント施設「フェスティバルゲート」も二〇〇五年二月に倒産し、この原稿を書いている時点では、再生計画は頓挫したままである。

天王寺博覧会によって天王寺公園は有料化されてしまったけれども、今でも茶臼山付近はジカビキと呼ばれる性を売る妖しげな女性たち／男性たちが出没する場所となっている。★02 そしておそらく、「マッチ売りの少女」は、博覧会によって出現し博覧会によって消滅した天王寺公園の幽冥にぼんやりと浮かんで消えていく人魂のような存在だったのである。

★01　新世界の歴史的形成に関しては、新世界商店会連合協議会が開設しているウェブサイト http://www.shinsekai.ne.jp/index.html を参照。

★02　元大阪府警の刑事だった稀土三平は、茶臼山に関するルポルタージュのような記録を残している［稀土、1988 a：b：c］。

2 「性の商品化」とは？

一般に「性の商品化」が問題にされる場合、売り手の側を問題とした所謂「売春」と買い手の側を問題とした所謂「買春」という現象が取り上げられることが多い。けれども、これから言及する「性の商品化」という現象は、単に「性を売り／買い」することにとどまらない。

敗戦後一九四六年、ＧＨＱの命によって、公娼制度が廃止された。けれども、遊郭は「特殊喫茶」や「社交喫茶」（カフェーや特殊飲食街と呼ばれることもあった）という名に変わってそのまま営業を続けた。当時、取締りを行なう警察が「特殊喫茶」や「社交喫茶」のある地域を他の地域と区分するために赤鉛筆や青鉛筆で囲んだことから、それらは「赤線／青線」と呼ばれることになった。その「赤線／青線」を消滅させたのが、売春防止法である[★03]。

一九五六年に公布され一九五八年に全面施行された売春防止法第二条によれば、売春とは「対償を受け、又は受ける約束で、不特定の相手方と性交すること」と規定されている。ただし、売春防止法は、「売春を防止」することをタテマエとした法律で、主として売春を助長する勧誘行為や組織売春などを処罰するものである。タテマエと言うのは、売春防止法には、買う側＝買春には処罰規定がないということ、さらに法の全面施行後も、組織売春などにそれほど厳しい規制がなされたわけではないからである。

売春防止法は、ある特定の性を必要悪として国家が管理・統制するための手段である。ある特定の性とは、言うまでもなく、金銭を介在した「不特定の相手との性交」である。ここで注意しておかなければならないのは、売春防止法が「性交」と「性交以外の性的行為」とを区分したということである。実際、売春防止法施行直後に、性交を伴わない所謂「非本番系」性風俗が誕生することになる。★04

日本社会において、「性の商品化」が顕著に進行していくのは一九八〇年代である。★05 一九八〇年代には、「ノーパン喫茶」「のぞき部屋」「ファッションヘルス」「ホテトル」など新しい性商品が次々に登場してくる。それらの性商品の中には、売春防止法で取締りの対象とされる「売春」に収まりきらない「非本番系」性風俗も数多く現れてきたのである。

★03　たとえば、日本最大の遊郭だった吉原は、売春防止法施行後すぐにトルコ風呂がオープンし、現在でも日本最大のソープランド街となっている。また、茶臼山に近い大阪の飛田遊郭は、売春防止法以降も営業を停止したことがないと言われており、現在でも「裏フーゾク」の代表格となっている。つまり、旧遊郭地域は、売春防止法施行後に営業形態を変えてフーゾク街となっているところも多いのである。ちなみに、現在、飲み屋街として有名な新宿ゴールデン街は旧青線地域であったし、世界最大のゲイタウン新宿二丁目は旧赤線地域であった。

★04　売春防止法施行直後に、「トルコ風呂」や「パンマ」「ヌードスタジオ」などが新手の性風俗として登場した［岩永、2002、19 頁］。ちなみに東京・吉原に誕生した「トルコ風呂」も、当初は、売防法の摘発を警戒して、性交を伴わない性風俗だった。

★05　1980 年代に日本社会において「性の商品化」が進行していくことに関しては、［中根、1995:1997］参照。

こうした性商品の多様化に呼応するかのように、風俗営業等取締法の一部を改正する法律が「風俗営業等の規制及び業務の適正化等に関する法律」（以下、新風営法）と称して一九八四年八月一四日に公布され、一九八五年二月一三日に施行されることになる。[★06] 新風営法では、旧来の「風俗営業」とは区別された「風俗関連営業」というカテゴリーが新たに設けられた。それによって、多くの「性を売る」業種は、届出義務営業[★07]として新しく設置された「風俗関連営業」に位置づけられるとともに、営業時間や営業場所などの規制を受けることになった。

こうした大幅な法改正を促したのは、急増したファッションヘルスやのぞき部屋など性風俗店の乱立状況にあったと考えられる。[★08] つまり、新風営法による「風俗関連営業」という新たなカテゴリーの設置は、国家が管理・統制するある特定の性の領域を拡大したものとして捉えられる。

けれども、この「風俗関連営業」というカテゴリーの新設は――管理・統制する国家側が意図したかどうかは別として――その存在自体が社会的に認知されるという結果を促すことになった。[★09] このことを裏付けるのは、新風営法施行後にメディアを通じて増殖していった所謂「フーゾク情報紙」の興隆である。

ルポライターの比名子暁は、当時、「フーゾク業界の電通」と言われた『週刊ナイトタイムス（ナイタイ）』に関して以下のように記している。

> 『ナイタイ』の追い風となったのが、一九八七《ママ》（昭和六二）年から施行された新風営法である。ソープなどの旧フーゾクに加えてファッションヘルス、キャバクラなどの新フーゾクがこの法律で認知され、新・旧フーゾクの客の争奪戦が開始された。そのため広告の重要性が増し、広告需要が高まるなかで『ナイタイ』はタイミングよくビジネスを展開していったのである。［比名子、一九九九、一七〜一八頁］

もちろん、新風営法が新たな性商品を合法化したわけではないし、多くの性商品を合法的なもの

★06　風営法改正に関する行政サイドの資料としては［総理府、1986:1997］参照。また、風営法に関する社会学的研究としては［永井、2002」を参照。

★07　キャバレーなどの飲食店、麻雀屋、パチンコ店、ゲームセンターなどは、旧来の「風俗営業」として許可営業に位置づけられている。法改正において、これら「風俗営業」は「健全な娯楽を提供するもの」として許可される一方で、「風俗関連営業」は「公の機関が許可するのになじまない」ということで届出とされた［永井、2002、161〜162頁］。

★08　1984年に改正・施行された風営法では、ゲームセンターの営業も深夜12時までに規制された。この背景には、1981年に新宿歌舞伎町のラブホテルで女性が連続して殺害された「ラブホテル連続殺人事件」と、翌1982年にゲームセンターで男にナンパされた14歳の少女が殺害された「ディスコ殺人事件」（いずれも未解決）があったと言われている。歌舞伎町で殺人事件が頻発したことに対して、新宿歌舞伎町浄化運動が盛り上がり、ディスコやゲームセンターが営業を深夜12時までに自主規制したことが、1984年の風営法改正・施行へと発展していったのである［本橋、2003］。

★09　永井良和は、当時すでに存在していたホテトルやマントル、デートクラブなどが「風俗関連営業から排除された」ことが、「ぎゃくに、風俗関連営業の存在があるていど認められたかのような印象を世間に与えた」と指摘している［永井、2002、168〜169頁］。

として認めたわけでもない。実際、「風俗関連営業」として届出登録している店の中にも営業内容が売春防止法等に抵触する違法なものは多いし、逆に営業内容自体は違法でなくても届出登録をしていない非合法な店も多い。[★10] 新風営法が促したのは、法規制によって選別された性商品の存在自体を買い手に認知させることだった。そして、『ナイタイ』に象徴されるフーゾク情報紙が、それらの多様な性商品を差異化するコードを成立させていくのである。

金塚貞文は、「買春」を問題とする視点から「性の商品化」に関して以下のように述べている。

商品化された性によって快楽を得ることのできる、商品を性的対象として愉しむことのできる、そして、性的快楽の堪能をためらわぬ、そうした能力をもった身体の存在が不可欠なのである。具体的に言えば、商品を購入する金銭能力と、商品というモノから性的快楽を得ることができるという精神的能力を兼ね備えた人間の存在である。(中略)買春しうる身体、要するに、消費能力をもったオナニストの存在が、性の商品化には不可欠の前提なのである。(中略)性的快楽が、金と時間をかけるにたる素晴らしい快楽であることを日夜、あらゆるメディアでもって宣伝し続けることによって、オナニストをつくり上げ、そして、そうして生産されたオナニストたちが、性の商品化を支えていくという、相乗的循環。（中略）性の商品化とは、買春する身体、オナニーする身体の生産のことにほかならず、それを問題にするということは、そういう身体の生産システム、そのメカニズム、それゆえ資本主義的商品社会、消費社会そのものを問題とするということでなければならないのだ。今や、性的欲望とは、商品に対する無限の渇望、性的行為とは、商品の飽くことなき消費、その隠喩にすぎないのだから。［金塚、一九九七、五六〜五七頁］

フーゾク情報紙は、まず、性を買う男に対して、性風俗店の「料金」と「サービス」に関する明確な情報を提供していった。実際の取材や読者（客）からの苦情などにもとづいた情報選別プロセスを通じて、フーゾク情報紙は所謂「ぼったくり」などを含めた「いかがわしい店や業者」をメディア情報から駆逐していくことになる。★一一 そして、「良質なフーゾク情報」に従えば、性風俗店の客は「誰もが一定の料金を支払えば一定のサービスを受けられる」ようになる。つまり、かつて遊里で遊ぶ際に、客に要求された危険やリスクを回避するために必

★10　例えば、所謂ソープランドは、個室付特殊浴場として風営法に登録していれば合法的な営業であっても、その営業内容が売春防止法に抵触するものであることは、一般常識となっている。また、ホテトルなどが非合法であることも同様である。一方、ファッションヘルスやイメクラ、デリバリーヘルスなどは、新風営法に登録している業者と登録していない業者があり、それを見分けることは買い手にとっては難しいし、性労働者も「非合法であることを知らずに働いている」ケースも多い。風営法の登録の有無を性労働者が見分ける術に関しては、［松沢、1998a］参照。
★11　こうしたフーゾク情報紙の舞台裏に関しては、［比名子、1999］参照。

要とされた経験的知識・能力は、大幅に軽減されるとともに、メディア上のフーゾク情報を見極めるマニュアル消費能力へとシフトしていくことになったのである。

さらに、フーゾク情報紙は、風俗産業における性商品の情報をカテゴリー化して分類することによって、性商品を――金塚の言うように、消費社会の商品として――パッケージ化していく。すなわち、「ファッションヘルス」「イメクラ」「キャバクラ」「ランパブ」から「SM倶楽部」「ピンサロ」「ソープ」等々にまでいたる性風俗店の種別によるカテゴリー分類、料金体系による予算別分類、「Dキス」「スマタ」「生尺」「AF」など提供されるサービス・メニュー、エリア別マップガイド等々……。かくして、性風俗産業における性商品は、一定のコードのもとに差異化され、消費社会の記号として消費されるモノとなっていく。そして、そうした消費コードを作り上げる役割を果たしたのが、『ナイタイ』や『MANZOKU』などに象徴される所謂「フーゾク情報紙」を中心としたメディアによる性商品に関する情報提供だったのである。そこでは、非合法な営業までもが所謂「裏フーゾク」として記号化され、一つの選択肢として消費コードに位置づけられていくのである。

一九九九年、風営法が一四年ぶりに大幅に改正されたことに呼応して、「性の商品化」はさらに拡張していくことになった。この改正では、一九八五年に新たに設けられた「風俗関連営業等」というカテゴリーが「性風俗特殊営業等」という名称に変更され、それは「店舗型性風俗特殊営業」「無店舗型性風俗特殊営業」[★12]「映像送信型性風俗特殊営業」[★13]という三つのサブカテゴリーに分けられた。

これら三つのサブカテゴリーの中でも、「無店舗型性風俗特殊営業」が設けられたことは、一九八五年の法改正では除外された「無店舗営業」が届け出によって許可されるという画期的なことだった。さらに、法の中で「派遣型ファッションヘルス」という用語を使用し、その営業の定義を「人の住居等において異性の客の性的好奇心に応じてその客に接触する役務を提供する営業で、当該役務を行う者を、その客の依頼を受けて派遣することにより営むもの」とした。「無店舗型性風俗特殊営業」には、営業時間の規制がなく、無店舗ゆえに出店地域の制限もないことから、当時、性風俗産業界のビジネスチャンスが到来したかのようにメディアでも大々的に報じられた。実際、一九九九年四月一日の改正法施行後、「デリバリーヘルス（デリヘル）」という新たなジャンルの性風俗店が登場し、日本全国に増殖していくことになる。

もちろん、一九九九年の法改正も、取り締まる側の意図は――新しいジャンルの性風俗を誕生させることではなく――別にあったのではないかと推測される。この法改正の主要な目的は、一九八五年の新風営法で除外した無店舗型性風俗店の中で、

★12　無店舗型性風俗特殊営業とは、「派遣型ファッションヘルス」と「アダルトビデオ等通信販売」となっている。

★13　映像通信型性風俗特殊営業とは、「インターネット等利用のアダルト映像送信営業」を指している。これはインターネットの普及によって新たに規制対象とされたもので、具体的な規制は「広告宣伝（ピンクビラ・チラシ）の規制」と「客の年齢確認」である。

「ホテトル」が新風営法施行後も無統制に増加し続けたことに対応するためだったと思われる。つまり、法改正が目論んだのは、まず、届出営業義務を課すことによって、ある程度、取り締まる側が無店舗型性風俗店を把握できるようになること、次に、「派遣型ファッションヘルス」というサブカテゴリーを新たに作ることによって、売春防止法上違法な営業内容となっている「ホテトル」営業をいくらか「派遣型ファッションヘルス」営業へと変更させることだったと推測される。この推測が当たっているとすれば、取り締まる側が法改正によって目論んだ意図は完全に外れたことになる。

かつて売春防止法の施行によって「トルコ風呂」など新しい性風俗が誕生してから、性風俗を取り締まったり制限したりする法の制定は、いつも新しいジャンルの性風俗を生み出してきた。二〇〇〇年から東京都をはじめとして施行された所謂「ぼったくり条例」も、全国の性風俗街に「無料風俗案内所」[★14]が急増するきっかけとなっている。

さらに「性の商品化」の拡張を推し進めたのは、インターネットによる性フーゾク情報のデジタル化である。九九年の法改正では、「広告宣伝（ピンクビラ・チラシ）の規制」もなされたけれども、そうした法規制を無意味にするかの如く、性フーゾク情報のデジタル化は急速に進んでいった。ストックされて膨大に膨らんだフーゾク情報へのアクセスは、パソコンや携帯電話というパーソナルツールの普及によって、より容易なものとなっていく。今や、ウェブ上の「無料風俗案内所」を介して、或いは、各性風俗店が運営するサイトへと直接にアクセスすることによって、顧客の側は、「料金体系やサービス内容」から「女性店員の出勤状況」までをも知ることが可能となっている。

3 セックス・ワーク論

セックス・ワークやセックス・ワーカーという概念は、「性の商品化」をめぐる社会問題の構成過程で登場してきたものである。日本でセックス・ワークという言葉が使用されるようになったのは、一九九三年に『セックス・ワーク』〔Delacoste & Alexander ed. 1988=1993〕が邦訳出版されてからのことである。『セックス・ワーク』について、渋谷和美は以下のように述べている。

『セックス・ワーク』以降は、「性労働」という概念によって「性という商品」よりもそれを売る女性／男性やその「主体性」「自己決定権」「労働権」がクローズアップされた。①性労働は「労働」か、②性労働者の自己決定はどこまで「自己決

★14 「風俗情報館」などとも呼ばれ、「風俗店のシステム」「女の子の情報」「割引チケット」などの情報を無料で手に入れることができる。そこで紹介されている風俗店にはボッタクリがないので安心できるということになっている。

定」かなどが議論され、議論は現在も継続中である。〔渋谷、二〇〇〇、二一七頁〕

セックス・ワークやセックス・ワーカーという概念は、何らかの性的行為を行なうことによって、賃金を受け取る人たちの人権を保障するために創り出された社会問題カテゴリーである。

日本でセックス・ワーカーの人権保障をめぐる問題が提起されるきっかけとなった象徴的な出来事として、所謂「池袋ホテトル嬢客刺殺事件（以下、池袋事件）」をあげることができるだろう。★15

池袋事件とは、一九八七年四月一五日、池袋のホテルの部屋で、男性がいきなりナイフなどを使って脅迫・暴力・虐待などを女性に加え、部屋から逃げ出そうとした女性が男性の持ち込んだナイフで男性を刺し、さらに揉み合っているうちに、男性が失神したので、女性がホテルのフロントに電話をかけて「救急車を呼ぶ」よう依頼し、男性は病院に運ばれたけれども死亡した、という事件である。

事件の後、この女性は、東京地検によって殺人罪で起訴された。

一九八七年一二月八日、東京地裁は過剰防衛として「懲役三年の実刑判決」を被告の女性に言い渡した。正当防衛を主張していた被告の女性は控訴したけれども、一九八八年六月九日、東京高裁は「懲役二年、執行猶予三年」の判決を出した。地裁の実刑判決は破棄され、執行猶予はついたものの、過剰防衛という判断が覆ることなく、高裁でも有罪判決だった。

裁判所は、池袋事件を以下のような事案として認定している。

要するに、客の待つホテルに赴いて売春をする、いわゆる「ホテトル嬢」をしていた被告人が、ホテルで客から、殴る、ナイフで突き刺す、ナイフを突き付けて脅す等の暴行・脅迫を加えられ、手足を縛られて監禁状態に置かれ、わいせつ行為を強要され続けているうち、憤慨のあまり、もはや相手の要求のままになっていることに堪えられなくなり、隙間をみて握った右ナイフで相手の腹部を刺し、その場から逃げ出そうとしたが、相手に追われてもみ合いになり、更に相手の体を数回突き刺し、これを失血死させて殺害したというものである。［東京高裁、一九八八、五四頁］

事件の事実経過をみれば、まず女性が男性によってナイフで切りつけられているなど、むしろ被害者は男性ではなく女性のほうであるように思われる。女性が男性を刺したナイフも、予めホテルの部屋に男性が持ち込んだ所有物だった。けれども、裁判では、女性の

★15　池袋事件に関しては［東京地裁、1988］［東京高裁、1988］を参照。

正当防衛は認められなかった。何故か？
まず、一審判決の理由の中には、以下のような一文がある。

本件は、被害者の常軌を逸した行為がその大きな原因になっていることは否定できないが、そもそも被告人が売春のため本件ホテルに赴いたことにもその原因がないわけではなく、特に、いわゆるホテトル嬢として見知らぬ男性の待つホテルの一室に単身赴く以上、客の性格等によっては相当な危険が伴うことは十分予測し得るところであるにもかかわらず、敢えて、被害者の求めに応じてホテルに赴いたという意味では、いわば自ら招いた危難と言えなくもなく、本件に至る経緯においても被告人に責められる点がないとは言えない。〔東京地裁、一九八八、四五頁〕（傍点引用者）

被告の女性は「敢えて、被害者の求めに応じてホテルに赴いた」とされているけれども、女性が所属しているホテトル事務所の経営者の指示によってホテルの部屋に行ったことは、一審判決でも認定された事実である。つまり、仮にそのとき、この女性が何らかの理由でホテルに行かなかったならば、別の女性がホテルに行くことになったであろうことは、まず間違いないだろう。とすれば、傍点で示した二重否定になっている部分――「その原因がないわけではなく」「自ら招いた危難と言えなくもなく」「責められる点がないとは言えない」――は、この女性に対して個別に課せられた責任というよりも、カテゴリーとしての「ホテトル嬢」に対して課せられたものだと考える以外にない。

控訴審判決の理由をみてみよう。

> 被告人は、自らの意志により、「ホテトル嬢」として四時間にわたり売春をすることを約して、Aから高額の報酬を得ており、原審検察官が主張するように、これにより被告人が性的自由及び身体の自由を放棄していたとまではいえないが、少なくとも、Aに対し、通常の性交及びこれに付随する性的行為は許容していたものといわざるをえないから、被告人の性的自由及び身体の自由に対する侵害の程度については、これを一般婦女子に対する場合と同列に論ずることはできず、相当に減殺して考慮せざるをえない。〔東京高裁、一九八八、五七頁〕

この女性がホテトル嬢であったことは、裁判において一般の婦女子ではないと判断された。そして、この判決をみる限り、この女性が一般の婦女子ではなかったのだから、「性的自由」「身体の自由」を侵害されても仕方ない、という結論となっている。確かに、この女性はホテトル嬢としてホテルに赴いたのだから、判決理由にあるように「通常の性交及びこれに付随する性的行為は許容していた」ということは「いわざるをえない」と言うまでもない。けれども、そのことによって「性的自由及び身体の自由」を侵害されても仕方がないという論理は成り立たないだろう。

上記の控訴審判決理由は、「ホテトル嬢」を「恋人」に、「売春」を「性交」に、差し替えても、文章として成り立つ。

> 被告人は、自らの意志により、**恋人**として四時間にわたり**性交**をすることを約して、Aから**高価な贈り物**を得ており、原審検察官が主張するように、これにより被告人が性的自由及び身体の自由を放棄していたとまではいえないが、少なくとも、Aに対し、通常の性交及びこれに付随する性的行為は許容していたものといわざるをえないから、被告人の性的自由及び身体の自由に対する侵害の程度については、これを一般婦女子に対する場合と同列に論ずることはできず、相当に減殺して考慮せざるをえない。

この判決理由では、性的行為に同意すれば、性的自由や身体的自由の侵害をも許容しなければならないことになってしまう。無論、恋人という関係にあれば、お互いに相手も見知っているから、池袋事件の場合とは事情が違うと考えることも出来る。それでも、そもそも見知らぬ相手をホテルに呼んだのは男性の方であり、この女性は店の経営者に指示されて、運悪くこの男性のところへ赴いたにすぎない。一審判決の理由で、女性に対して「相当な危険が伴うことは十分予測し得る」と言うのであれば、男性に対しても同じ事が言えるだろう。けれども、一審・控訴審の判決理由では、男性の「落ち度」は、「常軌を逸した行為」だけが指摘され、そもそも男性がホテトル嬢を呼んだということには触れられていない。

もし仮に、この女性がホテトル嬢など性労働者でなかったとしたら、正当防衛が認められるなど、全く異なった判決になっていた可能性が極めて高かっただろう。つまり、池袋事件の裁判においては、売春婦をはじめとする性労働者に対する蔑視・差別が、この女性に対する「性的自由及び身体の自由」への侵害を許容する結果となったのである。

池袋事件は、売春だけでなく性的な仕事を「労働」として認め、性的な仕事に従事する人々を「労働者」として認めることなしには、客や店による「契約外労働（サービス）の強制」「身体や生命を脅かす行為」などの人権侵害からセックス・ワーカー（性労働者）を守れないという考え方が公に登場するきっかけとなったと思われる。[★16]

セックス・ワークを労働として、セックス・ワーカーを労働者として、社会に認めさせ

★16　一審判決の後、この女性を支援するために「池袋事件を考える会」が結成された。けれども同会の支援活動では、売買春は性差別とされ、「セックス・ワーカーへの人権侵害」は「女性一般に対する性暴力」として抽象化されてしまった。同会に対する批判は、［森、2000］を参照されたい。

るためには、当の性労働者自身が自らの性労働を正当な労働として認識しなければならない。ある風俗嬢の日記には、以下のように記されている。

風俗を利用する男性たちに言いたいことがある。あなたたちはお金を払ったんだから、サービスを受ける権利はある。だけどそのお金は決して「一人の人間」を買ったものではない。決められた時間内での、決められたサービスを買っただけだ。だから風俗の子たちの心や身体を傷つけたり、バカにしたり、モノ扱いする権利はあなたたちには、絶対に、ない。〔伊瑠峰、二〇〇一、二八六頁〕

セックス・ワーカーは、セックス・ワークをサービス労働として位置づける。すなわち、セックス・ワークは、契約にもとづいて一定の性的サービスを一定の時間行なうだけであり、人格や身体の自由を売ることではないと……。

ただ、先の「日記」を見ても分かるように、セックス・ワーカー（女性）と買い手（男性）の「性の商品化」に対する双方の意識には、大きなズレが存在している。性商品を欲望する主体は、「商品としての性」を買うにも拘わらず、「商品ではない性」を消費することを志向し、「商品ではない性」を欲望するファンタジーへと駆り立てられていく。

一般のマッサージであれば、買う側が求めるのは、専門的なマッサージ技術を駆使したサービスの提供だろう。けれども、性を買う多くの男性が求めるのは、専門的なセックス・ワーク技術ではない。性風俗産業が掲げる「素人」「人妻」「ＯＬ」「アルバイト」「主婦」「学生」などの広告や看板を見れば、性商品を消費する主体の欲望が「プロフェッショナルのプロスティチュート」とは全く逆の方向へと志向づけられて喚起されていることは明らかである。★17 このパラドックスは、「性の商品化」が進行する際に予め仕組まれており、「性の商品化」自体を支えるイデオロギーとなっている。

ほとんどの場合、男性客に性商品を売るのは、セックス・ワークを行なうセックス・ワーカーではなく、性風俗業者（それらの圧倒的多数は男性）である。つまり、性が商品化される際には、まず、性を売りモノとして商品化する業者が存在し、続いて、商品化された性を購入する客が存在する。

前節で述べたように、性フーゾク情報紙などを通じて構成された「性商品の消費コード」は、男たちに性商品の欲望を喚起させるとともに、商品に宿命的に付随する剝き出しの物性をファンタジーによって覆い隠そうとする。それは、金銭と引き換えに提供された単なるサービスを受ける側に、単なるサービスを超えた何かを幻想させることである。実際、規定外のサービスをセックス・ワーカーに行なわせる★18ことによって、男性客

★17　酒井あゆみ著『セックスエリート――年収１億円、伝説の風俗嬢をさがして――』は、５人の人気ナンバーワン風俗嬢に対する取材にもとづいたノンフィクションである。この本に登場する５人に共通しているのは、当人たちが意識しているか否かにかかわりなく、プロらしさを客に感じさせないことであったり、サービス以外のものを売りモノとしていることである。［酒井、2005］参照。

に「単なる客」ではないという幻想を抱かせることをウリにする性風俗店も多い。したがって、セックス・ワークを単なるサービスとして提供しようとするセックス・ワーカーにとっては、「客側の欲望」と「業者側の目論見」という二重のパラドックスが立ち塞がっていることになる。

4 性＝愛＝人格主義イデオロギーの呪縛

「性の商品化」をめぐる議論は、「セックス・ワーク」と「性商品の消費」それぞれに対する肯否定を中心にやや複雑に入り組んだ形で展開されている。ここでは、主として「性の商品化」を批判する議論として展開されている「性の商品化論」が、性＝愛＝人格主義イデオロギーに呪縛されていることを明らかにしようと試みる。

◆「性労働＝奴隷化」という視点

ここでは、買春を否定するだけでなく、セックス・ワーク自体を労働として認めないという視点を検討しよう。こうした視点は、多くの場合、買春も性労働も法によって禁止するという主張に繋がっている。その典型的な主張をみてみよう。

セックスワーク論が社会的に通用するようになれば、多くのセクシャルハラスメントが合法化されてしまうことになる。「セックスワーク」論を唱える人々が意識的ないし無意識的に無視しているのは、現代社会の人権の観点からして、「性」が労働よりも人格的なものとして承認され、労働よりも強く保護されているし、そうされなければならないという事実だ。さらに無視しているのが、現代社会においては何よりも、男性が女性の性を商品のごとく取引することから男性支配と女性の従属が生じているという事実である。

性産業で現在働いている人々の安全は人権はどうなるのか、とセックスワーク論者は言う。まったくそれは深刻な問題である。しかし、「性」はより人格的であり、労働よりも強く保護されるべきという近代の人格原理こそは、将来における性産業の廃絶を必要とし可能とするものであるばかりでなく、現時点において、性産業に従事している女性たちの安全と人権をより強く保護することを必要とし可能にするものである。［ポルノ・買春問題研

★18　働く女性に、規定外のサービスを提供するように促している業者もあれば、指名客の獲得をノルマにすることなどによって、自発的に規定外のサービスをするようにし向ける業者も多い。後者の場合、業者は、指名客獲得を目的として規定外のサービスを行なう労働者を野放しにしたり、優遇したりすることによって、他の労働者もそうせざるを得ないようにし向けるのである。「〝誰々ちゃんは本番させてくれたよ〟ってお客さんに言われたら、しないわけにはいかなくなっちゃう」というところが現実だろう。

究会編、二〇〇三、五〇～五一頁〕

右記の主張において、セックス・ワークを正当な労働として認めないとする論拠を二つ見出すことができるだろう。

一つは、売春などに象徴されるセックス・ワークが強制されたものであり、それゆえに女性の自由意志を侵害するセクシャル・ハラスメントにつながるからである。

二つ目は、「性が労働よりも人格的である」からということになる。

それぞれ検討してみよう。

まず、セックス・ワークが正当な労働ではなく強制されたものであるという主張は、「女性が自らの自由意志で同意して性労働に従事しているのであれば問題ない」という考え方に対する対抗言説として構成されたものである。この種の主張における「自由（意志）」や「同意」あるいは「選択」という言葉が持つ意味は、女性差別的状況という社会的文脈で使用されている。

キャサリン・A・マッキノンは、「同意と選択」に関して、以下のように述べている。

売買春の中にいる女性は自ら望んでそこにいるのだという主張は、圧倒的に嘘です。この文脈で同意という言葉を用いることは、言葉の意味内容を変えてしまうことにつながります。

セックスのために使用される人びとのほとんどは女性です。セックスワークについて語る人々は、どうしてそうであるのかについて私たちに語ろうとしません。もしそれが単なる労働にすぎないのなら、そしてそれが自由の大いなる形態だと言うなら、どうしてほとんどの男性はそれをしないのでしょうか？

セックスワーク論が定義する「同意」とは、女性の選択肢の九九％を奪ってから「彼女の選択」として残った一％に名づけられたものです。これは「選択」が本来意味するものではありません。それは選択を排除する不平等の別名です。売買春の中にいるほとんどの女性は、そこから出ることができるものなら出たいと言っています。しかしそうすることができないという事実は、それが仕事ではなく、奴隷制の一形態であることを示しています。彼女らが選ぶことのできる他の選択肢が現実にないとすれば、売買春は選択ではないのです。〔ポルノ・買春問題研究会編訳、二〇〇三、四九〜五二頁〕

ここでマッキノンが指摘しているように、セックス・ワークに従事する圧倒的多数は女性である。そして、その理由は、言うまでもなく、女性が男性よりも低い社会的地位におかれているからである。そうした女性差別的状況を象徴しているのが売春という「奴隷制の一形態」である。ただ、ほとんどが女性で占められている看護士や秘書などの労働に従事することにも、マッキノンの言う意味での「選択」や「同意」はない。

マッキノン　性的不平等が存在するかぎり、女性にとっての自由はほとんどありません。［ポルノ・買春問題研究会編訳、二〇〇三、五四頁］

ここまでのマッキノンの主張は、論理的に一貫しており、「売買春の中の女性が他の女性と共通する条件を有している」のが「性差別」であることを明確に示している［ポルノ・買春問題研究会編訳、二〇〇三、五六頁］。けれども、なぜ「他の女性」の労働を否定しないのに、セックス・ワークを労働として認めないのか？

その理由をマッキノンは、「虐待、身体接触の暴力、尊厳の侵害、心理的・肉体的ダメージ」の強さ、すなわち「その状況が極端に劣悪である」からだとしている［ポルノ・買春問題研究会編訳、二〇〇三、五四～五六頁］。そして、そうした極端に劣悪な状況を変えようとすること、つまり、セックス・ワーカーの労働条件を整えようとする主張に対しても、マッキノンは以下のように否定する。

　売買春の中の女性にとって売春がそれほど困難ではないものにしようとしている人々は、その中の女性がそこから抜け出すのを助けるための努力をしようとはしていません。これらの人々は、結果的に、女性がそこにとどまるのを容易にしているのです。売買春にとどまるのを容易にすることから利益を得るのは主に、これらの女性を使用している男たち［売春業者と買春客］です。〔ポルノ・買春問題研究会編訳、二〇〇三、六三頁〕

このマッキノンの主張は、戦略的であっても、論理的ではない。それは、「売買春の中の女性」を「他の女性」に置き換えてみれば明らかになる。「他の女性」が置かれている劣悪な労働状況を変えようとすることも、そこに女性がとどまるのを容易にするし、その結果として、女性を使用する男たちが利益を得るだろうからである。★19

マッキノンの主張が戦略的であると言うのは、彼女が「他の女性」と「売買春の中の女性」をジェンダー差別という同一の問題状況に置きながら、女性の権利侵害に対抗するために、「売買春の中の女性」の権利侵害には対抗しないという戦略を選択している

★19　ジェンダー的に女性に偏向している職業領域において、仮に劣悪な労働条件が改善されるならば、それらの職業領域には当然ながら男性が労働者として進出していくだろう。けれども、それはセックス・ワークの領域でも同様だろう。すなわち、セックス・ワークという職業領域が女性に偏向しているのは、経済的劣位をはじめとする社会的なジェンダー差別が象徴的に現れた結果だからである。

からである。換言すれば、女性全体の権利拡張のためには、セックス・ワーカーの権利よりも、「他の女性」の権利を優先させるべきという戦略だと言えるだろう。

こうしたマッキノンの戦略的思考を支えているのは、「性労働に従事している女性がそれを望んでいない」という想定、つまり「性労働＝奴隷化」という認識である。けれども、あらゆる性労働を一元的に奴隷化として片付けてしまうと、戦略的にも、不都合な問題が生じてくることになる。

日本社会でも強制売春がなくなったわけではない。風俗産業に従事している女性の中には、現在にあっても、強制売春を強いられているケースも少なくない。

例えば、強制売春させられていた三人のタイ人女性たちが、店のオーナーだった同じくタイ人女性を刺殺した所謂「下館事件」（一九九一年）に関して、担当弁護士である加城千波は、雑誌『法学セミナー』のインタビューで以下のように述べている。

国内法の整備が追いついていないんです。いわゆる売春とか性風俗とかモラルを問うレベルと混同されてしまう。こういうケースはそもそも被害が極悪犯罪などだから、ごちゃごちゃした性の商品化の議論とは切り離して、びしっと対応するべきだと思うんです。（中略）ええ。石ころみたいに拾われて、転々と売買され、見も知らぬ人のあぶく銭のために、なぜ客と寝なければいけないのか。これは、どう考えてもすごく不合理なことでしょ。人間の行為として売春はどうかという切り口とは全然違う、奴隷化の問題です。やはり売春問題とは切り離して、緊急に対処するべき事態だと思います。〔法学セミナー編集部、一九九四、四一頁〕

下館事件の背景にあったように、人身売買のような強制労働が強いられているケースは、現在でも決して少なくない。また、現実として、強制された女性が他の性商品と同様にパッケージ化された性商品として買春の対象となっているケースも存在している。だからこそ、「下館事件」のような「人身売買＝強制労働」の事例を全ての性労働者へと一般化して、「性労働＝奴隷化」の問題へと抽象化することはできないだろう。

マッキノンの主張を「性的不平等が存在するかぎり、女性にとっての自由はほとんどありません」というところまでもどして考えてみると、性労働が「奴隷制の一形態」だという認識は、あくまでも女性に偏向したジェンダー的な労働領域全体が「奴隷制」であるという状況認識をもとに成立するものである。そうした状況認識自体に異論はない。けれども、性的不平等を問題とし、多くの女性がおかれている不自由な状況を変革しようとするマッキノンが、性労働だけを「奴隷化の一形態」だから仕事として認めないと主張するのは明らかに矛盾している。こうした矛盾が生じるのは、マッキノン自身が「性＝人格」というイデオロギーに呪縛されているからで、「性＝人格」という視点からは、性を売るということが女性の人格を売ることになってしまい、「他の女性（労働）」とは違う異質なものとして、性労働を労働から排除してしまうことになるのである。

◆「商品化された性≠親密な性」という視点

ここでは、商品化された性が親密な性でないからという論拠から、「性の商品化」を批判する視点を検討する。

上野千鶴子は、買春を否定し、性労働を短期的に肯定するというやや複雑なスタンスを提示している。[★20]

フェミニズムとは、男性中心的な「セクシュアリティの近代」を超えて、セクシュアリティを「女の経験」から自己定義しなおす試みである。「セクシュアリティの主体化」と見えたものが、男性を範型としたセクシュアリティの近代の装置の内面にすぎず、その罠にますます深く囚われることであるなら、それを抜けだそうとするさまざまな実験にわたしたちは立ち会っている。性が人格と結びつき、したがってセクシュアリティがアイデンティティを定義し、そのアイデンティティの確証を求めて「性に憑かれた時代」（中略）わたしたちはその終焉に立ち会っているのかもしれない。その彼方に、親密さとセクシュアリティが分離し、セクシュアリティが人格の全部ではなく一部にすぎないような時代が遠望できるかもしれない。フェミニズムがその変化を促進する思想であることは確かである。［上野、一九九五、二六頁］

「セックスというお仕事」は、なぜありとあらゆる女性向きの仕事のなかで、もっとも賃金の高い、わりのいい労働なのか？　それは、性労働者がその労働によって受ける人格的・社会的スティグマ（烙印＝らくいん）の代価である。（中略）性が人格とむすびつき、性を侵すことが人格を侵すこととむすびつくという見方が続くかぎり、性労働は他の労働とくらべて逆説的な特権性をもつ。（中略）高い代価とひきかえでなければ、じぶんの性的身体を他人の意のままの使用に供する、ストレスとリスクの大きい「セックスというお仕事」に、すすんで就く男女はいるだろうか。だが、性が人格から独立し、性的欲望が権力関係とむすびつくことをやめたとしたら？

★20　渋谷知美は、上野による「売春許容、買春非合法化」という矛盾した見解を自分自身も支持していたことに関して、その理由を以下のように示している。

「それでも論理的破綻をいとわず強弁を繰り返したのは、ある「畏れ」があったからだ。一つは、「性労働者や買春の許容は家父長制の存続／補強を許容することなのでないか」という畏れであり、もう一つは「買春を肯定することは、性労働の現場で繰り返されている暴力まで肯定することになるのではないか」という畏れであった。」［渋谷、2000、219頁］

ひとびとが凝った肩をもみほぐしてもらうように、性的緊張を解きに専門家のもとをおとずれ、性労働者から社会的スティグマがぬぐい去られるようになったら。そうなれば、性労働者はマッサージ師とかわらない一専門職になるだろう。と同時に、その代価も、マッサージ料なみに低下するだろう。〔上野、一九九四〕

上野は、「親密さとセクシュアリティの分離」「性と人格の分離」を遠望するフェミニズムの戦略的視点にもとづいて、女性に対する抑圧的な男性支配構造としての「買春＝悪」という視点をキープしつつも、性労働を労働として肯定することでセックス・ワーカーの権利主張を認める視点をとる。その上で、上野は、男性支配＝女性抑圧からの解放を権力による規制に求めることに批判的警鐘を促し、「多様な人格関係と多様な性関係を緩やかに認める」〔上野、一九九八、二九頁〕ことを提唱している。こうした上野自身の「性の商品化」問題に対する視点は、後に改めて検討することとしたい。

さて、上野による「親密さとセクシュアリティの分離」「性と人格の分離」にもとづくセックス・ワーク肯定論に異議を唱える形で、浅野千恵は、「性の商品化」批判を展開している。

女に対する貞操観念の一方的な強制（いわゆる「性の二重基準」）を批判し変えていくことと、性と親密性の分離を求めていくこととは異なることだ。（中略）フェミニズムはこれまで、むしろ親密な性が実現されていくことこそを求めてきたのではなかったろうか。［浅野、一九九八c、一七七頁］

私自身の日常意識に照らした場合、少なくとも現状においては、セックスワーカーである／ない、セックスワーカーになる／ならないという立場の違いは、他の職業における違いよりも大きいように思える。そのような直感があるからこそ、セックスワーカーではない私がセックスワーク肯定論や売春合法化（非犯罪化・非処罰化）には賛成だが）を積極的に唱えていくことはできないし、戒めるべきであると考えている。［浅野、一九九八a、一一八頁］

浅野による性の商品化批判の論点は、売春問題からはじまって、AV女優の人権問題へ、強姦表現など性的暴力の表現問題へ、強姦（レイプ）などの性的犯罪問題などへと目まぐるしく移動し、その意味では、まさに「混迷するセックス・ワーク論」となっている。ここで浅野がセックス・ワークに対して言っている「他の職業における違いよりも大きいように思える」「直感」とは何だろうか。それは、「性の商品化」における性（労働）が、親密な性ではないということにほかならない（これも性労働に対する一方的な決めつけであるが、ここではふれない）。そして、親密な性でないことを理由にして性労働を批判する論拠の背後には、性行為は親密性（＝愛）を前提に行なわれるべきだというイデオロギーが存在している。ゆえに、浅野のような「性の商品化」批判は、性＝愛主義的なものであり、その意味では、浅野自身が批判する「女に対する貞操観念」の罠に陥ってしまう。

性＝愛主義にもとづいた性の商品化批判は、結局、上野のような古典的なフェミニズムとは異なった「道徳派フェミニズム」へと繋がっていく以外にない。なぜならば、古典的なフェミニズムが問題にしてきたのは、「親密な性が実現される」社会的な在り方だったからである。つまり、男女間に構成される（性的な）親密性が双方の「ジェンダー規範＝女らしさ／男らしさ」を前提に成立している以上、フェミニズムが既存のジェンダー規範を問題とするのであれば、その規範に呪縛されて構成される男女間の「親密性」自体も問題にせざるをえない。だから、浅野のように親密性を担保に性を認めるという発想は、「結婚していればセックスを認める」というかつての貞操観念が「親密性（愛）があればセックスを認める」という現代版の貞操観念へとシフトしたにすぎない。

道徳派フェミニストを自称する永田えり子は、一般的な道徳にもとづいた社会的不快感から性の商品化を否定する〔永田、一九九五：一九九七〕けれども、この「社会的不快感」は「親密性（愛）に担保されていない性行為」に対して喚起される道徳的憤慨にほかならない。けれども、こうした既存の性的モラルを前提として展開される「性の商品化」批判は、以下の言説に代表されるような極めて「一般的な男性」の性意識の中で夢想される「性のファンタジー」と同質の陳腐さをもっているように思われる。

売春と賃労働とは、自分の身体能力を売るという点で大きな違いはないが、売春の場合は自由を経験しようとする行為を商売にするものであり、賃労働は必要のために行われるものだ。人間は必要のためのものは仕方がないと思って受け入れるが、自由のためのものは強制される場合には侮辱なのだ。〔佐藤、一九九二、一五四頁〕

佐藤和夫が言うように、性行為が自由を経験をしようとする行為であるから商売（賃労働）にしてはならないのであれば、物を書くという行為だって自由を経験しようとする行為なのだから、決して商売にしてお金をもらったりしてはならないことになってしまう。同様に、河合隼雄は「援助交際はたましいにわるい」〔河合、一九九七〕と言い、村上龍は「援助交際は大切な人（自己）を傷つける」という物語〔村上、一九九六〕を著している。

斎藤美奈子は、村上龍の小説『ラブ&ポップ』に対する書評で、この小説を「おやじによるおやじのための物語」と喝破している。

　なんと言っても目を引くのは、裕美〔『ラブ&ポップ』の主人公〕がカモとして目をつけた男たちと出会ってからの展開であろう。裕美たち女子高生が（一般論の範囲を脱していないとはいえ）あくまで「フツーの娘」として描かれているのに対し、この小説に出てくる男たちが、ものの見事に「フツーでない」ことに注目したい。主要な脇役として登場する男は四人いるが、彼らを一言ずつで表するならば、変態、病人、犯罪者、ホモである。彼らはセックスをする以外の目的で彼女らと接触をもち、結果として、彼女は身体を売る以上に屈辱的な、あるいは危険な目にあうのである。（中略）アウトサイダーではない、フツーの男の「病理」を描かずして、少女たちの生態にのみ固執するやり方は、自分のズボンのチャックを開けたまま他人の服装の乱れを気にしているような間抜けさがある。〔斎藤、一九九七〕（〔〕は筆者註）

「性を売る」という問題から、「性を買う」という問題（斎藤の言うフツーの男の「病理」）への視点の転換。次に、「買う側」を批判する視点を検討しよう。

◆「買春＝オナニズム」という視点

性＝愛＝人格主義に拠らずに、「性の商品化」批判が展開される場合には、性商品を購入・消費する男性の問題へと論点が向けられることもある。

以下は、雑誌『インパクション』の誌上で行なわれた「売春は労働か」と題した座談会における、一人の女性対談者の発言を引用したものである。

セックスワークを認めて、生産従事者を労働者として認めることは、（中略）消費する側も認めるということになる（中略）。そうすると男の買春を肯定してしまう。そこに対する抵抗感がある。［渡辺ほか、一九九四、二四頁］

上記の言説には、性労働を認めることが、「買春を肯定する」ことに繋がるのではないか、という危惧が吐露されている。ここには二つの視点――「性労働者の権利を保証するためには、性労働を正当な労働として認めるべきである」という視点と、「性を買う男の買春行為を認めるべきではない」という視点――が相克する形で存在している。

ここでは、性を買う男の「買春」が自慰行為《オナニー》であるとするオナニズムという視点から展開される「性の商品化」批判を検討していく。

金塚貞文や加藤秀一は、「性＝本質論」を否定するスタンスから、買春する主体（男性）の意識へと焦点を定めて、「性の商品化」批判を展開している。

同じように、性もまた、商品化されることによってはじめて、商品化された性（金銭を媒介とした性）と商品化されない性（例えば、愛情だけを媒介とした性）の区別が成立し、両者の共通の本質として、性そのもの、快楽としての性といった認識が誕生したのである。（中略）性の商品化によって、売春における性行為と、婚姻内のそれとが、商品化された性と商品化されていない性という区別を受け取ると同時に、その両者の行為が同じ性行為、同じ性的サービスであるという抽象化が、同一の認識がはじめて可能になったのである。（中略）要するに、性の商品化とは、性そのものの成立と表裏の現象、同じ一つのことの二つの表現にすぎないのだ。〔金塚 一九九四、五四頁〕

〈性〉は近代資本制／家父長制社会に固有の現象として、その本性上はじめから「商品」として誕生したのであり、それと同時に、商品でない・本来の性という観念がそれに対する否定の意識として反照的に生み出されたのである。〔加藤、一九九八、二一七頁〕

金塚や加藤によれば、商品でない性＝本質としての性という認識や観念は、性が商品化されることによってはじめて構成されたものである。つまり、金で売り買いできる性が登場したから、金で売り買いできない性＝性愛という観念が特別な本質を備えたものとして認識されたわけである。一見すれば、こうした金塚や加藤の「性の商品化」批判は、「性＝本質論」や性＝愛＝人格主義イデオロギーを回避しているかのようにみえる。

けれども、「よりよい性の商品化」〔瀬地山、一九九二〕という性の商品化肯定論を批判して展開された以下のような加藤の言説を見ると、それは性＝愛＝人格主義に極めて酷似した論理的展開になってしまっている。

> 乱交やいわゆる開放的な性的な関係・性的行為を肯定すると同時に性の商品化をその核心において批判する、という論理的可能性が見出されてはじめて、性道徳論議などには還元されない、本来の意味における性の商品化批判がその正当な居場所

を与えられるのである。〔加藤、一九九八、一二三頁〕。

こうした加藤による「性の商品化」批判は、論拠を性＝愛＝人格＝本質から「蕩尽そのものとしての性」という一種のユートピアに置き換えたものであり、――一旦は「性≠本質」としたにもかかわらず――理想的な性を再び本質として想定するという論理的矛盾のもとでしか成り立たない。その意味では、あるべき人間的本質（この場合、理想的な性）を予め想定して展開されるような古典的な疎外論と大差ない、と言えるだろう。

一方、金塚は、先に引いたように、性の商品化を問題にすることが「資本主義的商品社会、消費社会そのものを問題とするということでなければならない」〔金塚、一九九七、五七頁〕と述べている。けれども、この論点に関しても、数多くの商品化されたものの中で、何故に取り立てて性の商品化を取り上げるのかという疑問が生じてしまう。さらに、消費社会批判として「性の商品化」批判を展開することは、結局、「性商品へと駆り立てられる欲望」が消費社会にでっち上げられた虚構にすぎないことを暴露することになる。それゆえ、加藤の論拠と同様に、何処かで「虚構でないもの（真実や本質）」の存在を予見として組み込まざるをえなくなってしまうのである。

もちろん、性が商品として消費物へと構成されていく舞台裏を明らかにしていく金塚のオナニズムという視点は、ある特定の状況下では、――ブランド信仰が消費社会の中で植え付けられていくような――買春行為に対する居心地の悪さを男たちに喚起させるかもしれない。けれども、既に多くの男たちにとって、買春と自慰《オナニー》との間に質的な差異がなくなりつつあるとしたら、或いは、男の性が所詮オナニズムに過ぎないということが自明になりつつあるとしたらどうだろうか？　オナニズムという視点からの「性の商品化」に対する批判力は、既に喪われつつあるような気がしてならない。

◆「性労働＝人格の侵害」という視点

先に述べたように、上野は、セックス・ワークを労働として肯定しつつ、買春を否定するというスタンスを表明している。

もし「売春」が経済的行為であり、かつ現実に女性に与えられた数少ない選択肢のひとつであるとしたら？――現にあるものを「ないはずのこと」にするよりも、現実を認めて「性労働者」の権利擁護をしたほうが現実的じゃないのか、というのがわたしの立場です。［上野、一九九八、二四頁］

ただ、上野が買春を否定する論拠は、何処にあるのだろうか。売買春が家父長性を維持する社会的装置となっているのであれば、戦略的にはセックス・ワークも許容しない、ということになりそうである。滝沢リサは、この「矛盾」を「関係性の向上に重点が置かれている」ことに見出している[★21]［滝沢、二〇〇〇、一二三頁］。

> 「買春」とは買い手にとってある種の性行為であっても、「売春」とは売り手にとって経済行為にすぎません。［上野、一九九八、一二三頁］

つまり、売買春では、買い手と売り手との間に、「関係性の向上」を可能にするようなリアリティが共有されていないから、すなわち買い手にとって一方的な性行為（金塚の表現を借りるのであればオナニー）にすぎないから、売買春を否定するということになる。

> クオリティの低いセックスとクオリティの高いセックスを両方経験したら、クオリティの低いセックスなんてやってらんない。市場に関しては、良貨は悪貨を駆逐するということはほとんど考えられないけれども、セックスに関しては、よいセックスは悪いセックスを駆逐する。クオリティの高いセックスをやるとクオリティ

の低いセックスはうざったくてやってられない。だって、セックスって体力もエネルギーもいるんですもん。つまんないセックスなら、金でももらわないとやってられないと思うのは、当たり前でしょ。［上野・宮台、一九九九、七〇〜七一頁］

買春が否定されるのは、それが「クオリティの低いセックス」「悪いセックス」「つまんないセックス」「気持ち悪いセックス」であるからということになり、男女は互いにクオリティの高いセックス（を通じた快楽）を志向しなければならないことになる。「クオリティの低いセックス／クオリティの高いセックス」という区分で、「性の商品化（この場合、買春）」を批判する論拠は、「たましいにわるい」という理由で援助交際を批判した河合隼雄との間に大差ないものとなってしまっている。

それでは、上野が、性労働を肯定し性労働者の権利擁護をしたほうがいい、とする論拠はどこにあるのか？

既に引いたように、上野は「性が人格とむすびつき、性を侵すことが人格を侵すこととむすびつくという見方が続くかぎり、性労働は他の労働とくらべて

★21　滝沢リサは、以下のように批判している。
「上野さんのこの分析のポイントは、個々人の権利保証ではなく、関係性の向上に重点が置かれていることだ。双務性のあるセックスの実現や、「客」から「売春婦」へのスティグマの付加をなくす、ということを重要視することは、パートナーシップや「ペア（1対1）である」ことなど「関係性」の重要視が前提にある。そしてそれは、結婚制度や家父長制、強制異性愛社会を支える考え方だ。「女性」個々人が生きていくことの保証より、「男」からの視線が重要なのだという、逆説的な状況に自分（女性）を追い込む結果になっている。」［滝沢、2000、223頁］

逆説的な特権性をもつ」としている。つまり、女性の賃労働としては、圧倒的に対価が高い「逆説的な特権性」をもっていることが、上野が性労働を認める論拠となっている。

同様の視点は、橋爪大三郎による「性の商品化」肯定論にも見いだすことができる。かつて、橋爪は「売春のどこがわるい」と題した論考で、売春肯定という視点から以下のように述べていた。

反売春の言説が無効なのは、人々の性意識が変容した結果ではない。われわれの社会が、成熟した資本制的な身体秩序と、それに見合った言説の体系とをそなえつつあることとの結果だ。売春が平均的な市民の日常と連続することで、資本制は完成に近づく。〔橋爪、一九九二、二二〇頁〕

上記で橋爪の言う「売春」は、資本制を考える場合には、「性の商品化」という言葉に置き換えたほうがいいだろう。はたして、われわれの社会は「成熟した資本制的な身体秩序」と「言説の体系」とを備えつつあるのだろうか？

後に橋爪は、次のように微妙に視点を変えている。

> 風俗労働に従事する人びとは、それ以外の多くの人びとがその市場に参入するのをためらっているおかげで、相対的に高い収入をえることができる。（その分、リスクは高くなるかもしれないが、甘受できる範囲内であろう。）いっぽう、そうでない人びとは、自由意志で風俗労働に従事する人びとがいるおかげで、自由意志で風俗労働に従事しない自分に対して心理的な満足を覚えることができる。（その分、収入の高くない職しかみつからないかもしれないが、甘受できる範囲内であろう。）したがって、風俗労働に対する「偏見」が完全になくなることは、風俗労働そのものの否定につながる。［橋爪、二〇〇五、一九八頁］

資本制の完成が頓挫してしまったのだろうか？

「この世界は不完全であるのだから」セックス・ワーカーもそうでない人々（いずれも女性たち）も「現状を甘受するほかはない」と橋爪は言う［橋爪、二〇〇五、一九九頁］。現状を甘受すべきかどうかはさておき、風俗労働に対する「偏見」がなくなることが、どうして風俗労働そのものの否定につながるのだろうか？　上野が提唱した長短の戦略――性労働者から社会的スティグマが拭い去られたら、性労働の対価は低下し、性労働に従事する女性はいなくなる――に対しても同様の疑問が生じる。[★22]

橋爪と上野に共通しているのは、両者とも、セックス・ワークを単なる経済行為以上の何ものでもないと確信している点である。すなわち、セックス・ワークに従事する動機には、「（相対的に）高い賃金を得るため」あるいは「手っ取り早くお金を稼ぐため」という経済的なもの以外は一切存在しない、という想定[★23]、すなわち、「性労働＝人格侵害」という社会的な偏見が逆説的／相対的に高い賃金を保証しているのだ、という想定である。けれども、この想定は、セックス・ワークやセックス・ワーカーに対する余りにも画一化したイメージに囚われていないだろうか。

性労働に限らず凡そ全ての労働は、賃労働として行なわれる限り、経済的行為に違いない。それでも実際には、純粋な経済的行為としてある特定の労働を行なうことは容易ではないし、まして、純粋な経済的行為としてある特定の労働を解釈することなどできない。労働従事者によるその労働に対する主観的な評価や意味づけを含めて、その労働に対する社会的な評価や意味づけは、肯定的／否定的なものや二元的価値づけに還元されえないような多様性を有している。セックス・ワークだけを経済的行為に限定して捉えようとすることは、セックス・ワークだけを例外的な労働として価値づけ、さらに、セックス・ワークが有している多様な意味づけ（肯否定を含めて）を排除してしまう。

セックス・ワークに対する多様な意味づけを剥奪し、セックス・ワーカーを画一化させたイデオロギーこそが、性＝愛＝人格主義であると言えるだろう。ゆえに、本章の最後では、性＝愛＝人格主義に反する実存を生きている「性労働者の思想」をみてみよう。

5 セックスのヒエラルキー／売春婦のパフォーマンス・アート

高祖岩三郎は、一九九〇年代からニューヨークで市と開発者グループによって推進されていったジェントリフィケーションを取り扱った卓越した論考★24の中で、以下のように述べている。

「売春」とは大きな問題である。それに対して正面から答えを出すのは、私には荷が重すぎる。た

★22　仮にセックス・ワークやセックス・ワーカーに対する社会的スティグマがなくなっても、性労働者の賃金が低くなるとは限らない。そうなれば、セックス・ワークに伴うリスクに対して、雇用者は相応のコストを負担する義務が生じるだろうし、それに応じて顧客は相当な代金を支払わねばならなくなるだろう。無論、スティグマがなくなることによって、多くの人たちが性労働者になりたいと殺到するような事態になれば、性風俗業界は芸能界と同じようになるだろう。すなわち、多くの人々が羨むような高額所得を稼ぎ出す少数のエリートと、低賃金に甘んじる大多数に二極化されていくだろう。

★23　ある「風俗嬢意識調査（1999年～2000年実施）」によれば、「風俗で働こうと思った動機」に関して、何らかの形で「経済的なもの」と回答した人たちが全体の85.7%（複数回答）という結果になっている［要・水島、2005、18頁］。この数値が相対的に高いのか低いのかを科学的に判断することは困難である。

★24　高祖によれば、「危険」や「淫らさ」を強調して恐怖を煽り、「安全な街づくり」を口実として1990年代に行なわれたニューヨークのジェントリフィケーションは、若者や一般民衆が居住空間を奪われ、様々な人種が日常的に行き交う空間を消失させ、観光客と上流階級のみに開かれた単種的《ホモジーニアス》な空間＝街へと変貌させるなど、単なる「階級の挿げ替え」を結果した［高祖、2005、31～37頁］。

だし四二丁目について一つ言えることは、性産業をこの特定の場から駆逐することは、売春自体の抹消には繋がらない、ということである。それは第一に、現実にその領域で労働している人々の糧を奪っただけである。さらにこの最も古来からある仕事の内の一つと言われる「売春」は、その他の労働に比べてことさら「悪」であろうか？　これは廃絶されるべきものなのだろうか？〔高祖、二〇〇五、三七頁〕

高祖の論考が卓越しているのは、「性の商品化」に関してその是非を問うという問題設定を回避し、ある特定の性——同性愛や商業的な性などを含めた性的マイノリティ——に対する排除のイデオロギーが、ニューヨークという都市空間にもたらした社会的閉塞性を描き出しているところにある。ニューヨークのジェントリフィケーションでは、多種多様な性的マイノリティのあり様が、「淫らさ」や「危険」を象徴する犯罪として嫌悪され、駆逐されるべき恐怖＝社会問題の対象へと位置づけられていった。

ゲイル・ルービンが提唱した「セックスのヒエラルキー」[★25]は、商品化された性が置かれている社会的ポジション——高祖の言うように「淫らさ」や「危険」を象徴する犯罪として位置づけられていく様——を明確に示している。

近代西欧社会は、性的価値観に存在するヒエラルキー制度に従って、様々な性行為を弁別していく。結婚していて、生殖を伴う異性愛者は性のピラミッドの頂点に君臨するのである。カップルではあるが結婚していない異性愛者たちがその下に陣取り、その後に他のほとんどの異性愛者が続くのである。（中略）安定し、長期間続いているレズビアンやゲイのカップルは尊敬に値されるようになってきているが、バーに通うようなレズビアンや乱交好きのゲイはピラミッドの最底辺にある集団の少し上あたりをうろうろしているのだ。最も軽蔑される性的なカーストは、今のところトランスセクシャル、トランスヴェスタイト、フェティシスト、サド・マゾキスト、売春婦やポルノのモデルなどのセックス・ワーカーであり、その中でもとりわけ低い位置にあるのが、性的結びつきにより世代間の境界を侵犯するような人々とされている。［Rubin,1982=1997:105-106］

このヒエラルキーの存在が社会的に顕在化するのは、性的カーストの間に引かれた境界線が脅かされる場合である。近年の日本社会では、一九九〇年代初頭にブームとなった「ブルセラショップ」や「援助交際」という社会現象をめぐる反応を振り返ってみればよく分かるだろう。警察が古物営業法（商法）違反までをも動員して「ブルセラショッ

★25　ルービンは「性的本質主義に加えて、さらに少なくとも５つのイデオロギー体系が存在する」と言い、５つのイデオロギー体系として「セックスに関する否定」「誤ったものさしという誤謬」「様々な性行為のヒエラルキーによる価値づけ」「性的に危険なものとみなされるものをめぐるドミノ理論」「好ましい性的多様性概念の欠如」をあげている［Rubin,1982=1997:104］。

プ」を摘発したことは、取締りの対象が当該の行為ではなく、ある特定の意識であったことを示している。それは、性あるいは何らかの形で性にかかわるモノを売買の対象（商品）として取り扱おうとする社会意識であり、従来からの常識的な性規範の変容（崩壊）だった、と言えるだろう。後に青少年健全育成条例などの改定へと繋がっていった法規制は、ある特定の性現象や性情報を有害（悪）として禁止することによって、常識的な（望ましい）性規範を維持しようと目論まれたものである[★26]。

こうした法改正に潜んでいるのは、性＝愛＝人格主義イデオロギーにもとづいた性のヒエラルキーであり、「商品化された性＝有害（悪）」というステレオタイプ的な価値観である。商品化された性を含めてある特定の性現象を悪や犯罪として位置づけることは、それらの現象に関する議論や検証を封殺していく[★27]。

ルービンは、商業的な性に付与される犯罪性が引き起こす問題を以下のように指摘している。

> まさに、性産業は社会全体に存在する性差別を反映したものなのである。われわれは性産業に特有のジェンダーの不平等が様々な形で現れているものを分析し、それに対して反対していく必要がある。しかし、これは商業的なセックスを一掃して

しまうという試みとは異なるのである。〔Rubin,1982=1997:127〕

セックスを志向するビジネスに内在する犯罪性によって、それ自体が周縁的なもの、未発達なもの、あるいは歪曲されたものとされたままである。これにより投資が低下したり、商品やサービスのやりとりではなくむしろ刑務所に入らないようにするための商業活動に方向転換し続けるようになるのである。また、そこからセックス・ワーカーが搾取や劣悪な条件にさらされ、さらに弱い立場に置かれることになる。性に関わる商売が合法的なものとされれば、セックス・ワーカーは賃金昇給やより良好な労働条件、また自主管理の拡大、スティグマを付与されないように組織化したり、声を挙げたりすることができるようになるだろう。〔Rubin,1982=1997:115〕

注意しておかなければならないのは、ここでルービンが言う「合法的なもの」とは、国家統制のような「性産業の合法化」を意味するのではなく、セックス・ワークを中心とした性産業の非処罰化を射程としたものだということである。★28 つまり、性産業に付与されている犯罪性によって、セックス・ワーカーは摘発の危険性に晒されているだけでなく、性労働は劣悪な条件のもとに放置され続けることになっている。性ビジネスに内在する犯罪

★26 「何が有害（悪）か？」という議論を別にして、こうした法規制は、現実に生じている特定の性現象や情報を潜在化することによって、性情報へのアクセスを隔離《セグリゲート》し、人々の性意識を分断していく。

★27　本章3［本書123頁〜］でふれた池袋事件を想起されたい。

性を取り除き、非処罰化することができれば、セックス・ワーカーが労働条件の改善へと向かう活動を組織できる、とルービンは言うのである。

こうしたルービンの主張をさらに拡張したのは、シャノン・ベルである。ベルは『売春婦の身体を解読し、記述し、記述し直す』[★29]において、売春婦たち自らが政治主体として登場したことをポストモダン的な現象として評価する。

> これまで周縁に追いやられ、汚名を着、あるいは覇権的言説やフェミニズム言説によって排除されてきた売春婦たちが独自の言説をものにしつつある。そのこと自体、ポストモダン的な現象である。［Bell,1994=2001:151］

ポストモダンの売春婦たちは新たな政治主体として登場すると同時に、単一の主体というより、むしろ、複数の主体として登場した。ただ、売春婦主体の立場といっても、そのほかの立場と同様、そこには必然的に微妙な違いがあった。いわく、売春婦の身体とは労働の場だ、虐待の場だ、権力の場だ、さらには性の、常習癖の、快楽の場でさえある。個々の売春体験の違いが、このような相異なり競合する売春婦の身体観を生んだのだ。売春婦の闘いは複数の顔をもつ闘いである。[★30]

[Bell,1994=2001:150]

ベルによる「売春婦の身体を記述し直す」ことは、性産業にかかわる売春婦《セックス・ワーカー》たちの性を単なる経済行為へと縮減してしまう画一的なイメージ（性＝愛＝人格主義イデオロギーの呪縛）から解き放ち、脱構築する手掛かりとなるだろう。性労働は、賃労働として行なわれる経済活動に違いないとしても、他の労働と同じく単なる経済活動の経験だけにとどまらない。それらは——まさに他の労働と同様に——搾取や虐待の経験でもあれば、快楽や喜びの経験でもあるかもしれないのである。

ポストモダン的な運動として「売春婦たち自身の言説」を重視したベルは、さらに売春婦《セックス・ワーカー》たちによるパフォーマンス・アートへと着目する。★31

他者によって欲望の対象として、嫌悪の対象と

★28　ルービンは、性に関する法規制自体を否定的に捉えている。

「性に関する法律は、性的階層化と性的迫害のもっともゆるぎない道具となっている。（中略）性をめぐる法律に関する私の主張は、性的な強制、強姦、あるいはレイプに反対する法律に適用されるものではない。それは合意のうえでのセックスに対するおびただしい数の禁止や制定法上の強姦などの「地位」犯罪に関係するものなのだ。」[Rubin,1982=1997:114]

★29　邦訳題は『売春という思想』。

★30　ベルの言う複数の顔とは、「売春婦の権利団体」「WHISPER」「匿名売春婦の会」の活動を指している。尚、ベルは、これら３つの運動団体それぞれが「ときに重なり合い」ながらも「ときに独自性を主張し対立・反目している」ことを指摘し、以下のように評している。

「とはいえ、ポストモダンの言説に近いといえるのは権利団体だけだ。WHISPERは「真の」売春観を標榜する近代の言説だったし、また、匿名売春婦の会はイデオロギー的に中立な、あるいは特定の立場に与しない言説を標榜しているからだ。」[Bell,1994=2001:151]

★31　セックス・ワーカーたちによるパフォーマンス・アートに関しては、[Bell,1995=2000] もあわせて参照されたい。

して作り上げられた者たちにとって、言説をわがものとし、社会に直接物申す主体の立場を得るかっこうの手段の一つがパフォーマンスである。売春婦など、従来は単に「猥褻」な存在としてコード化され、祝祭的侵犯者とされてきた者たちも、パフォーマンスという媒体でなら、みずからを抵抗の体現者として再構築できた。逸脱者の身体、性的アウトサイダー、社会的賤民の身体を改めて位置づけ、再定義し、自らのものとすることができるのだ。〔Bell,1994=2001:203〕

ベルによれば、こうしたパフォーマンス・アートは、観客に対して売春婦《セックス・ワーカー》のステレオタイプ的なイメージを揺るがし、「フェミニズム論者（よい女の子）／娼婦（悪い女の子）」というような二項対立的な女性像の打破を最重要テーマとしている〔Bell,1994=2001:269-270〕。例えば、ベルが取り上げたパフォーマンスにおいては、「性的虐待の被害」や「性的な搾取」が売春婦《セックス・ワーカー》だけでなく女性全般に起こりうる問題として置換され、危険なセックスを媒介する売春婦《セックス・ワーカー》像がセーフ・セックスの専門家＝教育者として示される。ここでベルが意図しているのは、フェミニズムから排除されている売春婦《セックス・ワーカー》たちによるフェミニズム実践であり、フェミニズム実践として「売春婦の身体を記述し直す」ことなのである。★32

そして、おそらく、こうしたベルの「売春婦の身体を記述し直す」という思想は、性＝

愛＝人格主義に陥ることなく、「男の身体を解読し、記述し、記述し直す」ことへと繋がっていくだろう。すなわち、いかなる理想的な性も本質的な性をも想定することなく、「性労働者《セックス・ワーカー》の思想」は、ただ現実に目の前で繰り広げられている性権力現象を告発し、批判し、解体しようとし続けるのである。

★32　ベルは『売春婦の身体を解読し、記述し、記述し直す』の最後を以下のように結んでいる。

「売春婦のパフォーマンス・アーティストは、公共空間や学問の領域にポルノ的なるもの、祝祭的なるものを持ち込み、そうした領域を侵犯すると同時に、そうすることで太古の神聖娼婦を祖とする新たな社会的アイデンティティ——性の癒し手であり、女神、教育者、政治活動家、フェミニズム論者である売春婦——を生み出したのだ。」［Bell,1994=2001:271］

文献

浅野千恵、一九九八a、「混迷するセックスワーク論」『現代思想』二六－八

浅野千恵、一九九八b、「セックスワーカーを搾取しないフェミニズムであるために」河野貴代実編『シリーズ〈女性と心理〉第２巻　セクシュアリティをめぐって』新水社

浅野千恵、一九九八c、「「性＝人格論批判」を批判する」『現代思想』二六－一二

Bell, Shannon, 1994, *Reading, Writing, and Rewriting the Prostitute Body*, Indiana University Press（＝二〇〇一、山本民雄・宮下嶺夫・越智道雄訳『売春という思想』青弓社）

Bell, Shannon, 1995, *Whore Carnival*, Autonomedia（＝二〇〇〇、吉池祥子訳『セックスワーカーのカーニバル』第三書館）

Delacoste, Frederique & Pricilla Alexander ed., 1988, *Sex Work*, Virago Press（＝一九九三、角田由紀子ほか訳『セックス・ワーク』現代書館）

橋爪大三郎、一九九二、「売春のどこがわるい」江原由美子編『フェミニズムの思想』勁草書房

橋爪大三郎、二〇〇五、「風俗嬢の労働は、ごく普通の労働なのか」要紀子・水島希『風俗嬢意識調査――１２６人の職業意識――』ポット出版

日名子暁、一九九九、「フーゾク情報誌戦争！『ナイタイ』vs『MAN-ZOKU』――盛り場を戦場

にした男たち」『別冊宝島四五一号　盛り場の顔役たち』宝島社
法学セミナー編集部、一九九四、「〈売春〉ではなく〈人身売買〉である――下館事件が問いかけるもの――～加城千波弁護士に聞く～」『法学セミナー』三九－五
伊瑠峰小百合、二〇〇一、「小百合の日記　①～⑥」山崎康弘『風族』ワニブックス
岩永文夫、二〇〇二、『風俗資本論』オーエス出版社
金塚貞文、一九九四、「買春する身体の生産――性の商品化再考」『インパクション』八四
金塚貞文、一九九七、「買春する身体の生産」田崎英明編『売る身体／買う身体　セックスワーク論の射程』青弓社
加藤秀一、一九九五、「〈性の商品化〉をめぐるノート」江原由美子編『性の商品化　フェミニズムの主張2』勁草書房
加藤秀一、一九九八、『性現象論　差異とセクシュアリティの社会学』勁草書房
河合隼雄、一九九七、「「援助交際」というムーブメント（運動）」『世界』一九九七年三月号
稀土三平、一九九八a、『茶臼山通信①　住所不定の女』風塵社
稀土三平、一九九八b、『茶臼山通信②　流れる女』風塵社
稀土三平、一九九八c，『茶臼山通信③　騙しの女』風塵社
高祖岩三郎、二〇〇五、「闘う情動の街角1」『現代思想』三三－五

森あい、二〇〇〇、「小野幹雄氏らへ　「一般の婦女子」と売春婦の身体の自由は異なるのか？」
本橋信宏、二〇〇三、「1982年夏、歌舞伎町ディスコ殺人事件」本橋信宏ほか『新宿歌舞伎町未解決事件』シーズ情報出版
文貞實、二〇〇六、「猥雑な身体――女性」狩谷あゆみ編『不埒な希望――ホームレス／寄せ場をめぐる社会学』松籟社
村上龍、一九九六、『ラブ&ポップ』幻冬社
永井良和、二〇〇二、『風俗営業取締り』講談社
永田えり子、一九九五、「〈性の商品化〉は道徳的か」江原由美子編『性の商品化　フェミニズムの主張2』勁草書房
永田えり子、一九九七、『道徳派フェミニスト宣言』勁草書房
中根光敏、一九九五、「高度消費社会における〈性〉の変容――1980年代論序説（2）――」『広島修大論集――人文編――』三六ー一
中根光敏、一九九七、『社会学者は2度ベルを鳴らす――閉塞する社会空間／熔解する自己――』松籟社
中根光敏、二〇〇二、「性＝愛＝人格主義イデオロギーの呪縛――性の商品化をめぐる一考察――」中根光敏編『社会的排除のソシオロジ』広島修道大学総合研究所

ポルノ買春問題研究会編訳、二〇〇三、『キャサリン・マッキノンと語る／ポルノグラフィと買売春』不磨書房
Rubin, Gayle, 1982, "Thinking Sex: Notes for a Radical Theory of The Politics of Sexality", Vance, Carole S. ed., 1984, *Pleasure and Danger: Exploring Female Sexuality*, Pandora（＝一九九七、河口和也訳「性を考える――セクシュアリティの政治に関するラディカルな理論のための覚書」『現代思想』二五－六
斎藤美奈子、一九九七、「おやじによるおやじのための物語　自分のズボンのチャックを開けたまま他人の服装の乱れを気にしているような」『図書新聞』二三二六
酒井あゆみ、二〇〇五、『セックスエリート――年収一億円、伝説の風俗嬢をさがして――』幻冬舎
佐藤和夫、一九九二、『性のユマニスム――エロスと結婚のゆくえをさぐる』はるか書房
瀬地山角、一九九二、「よりよい性の商品化へ向けて」江原由美子編『フェミニズムの主張』勁草書房
渋谷和美、二〇〇〇、「買春改革論――松沢呉一「売買春肯定論」のあとで――」『Queer Japan』二
総理府編、一九八六、『売春対策の現況』ぎょうせい
総理府編、一九九七、『売春対策の現況』大蔵省印刷局
滝沢リサ、二〇〇〇、「上野千鶴子氏へ　売春は許容し、買春は許容しないという主張の組合せは

矛盾しないか」松沢呉一＋スタジオ・ポット編『売春肯定宣言　売る売らないはワタシが決める』ポット出版
東京地裁、一九八八、「ホテトル嬢客刺殺事件第一審判決」『判例時報』一二七五
東京高裁、一九八八、「ホテトル嬢客刺殺事件控訴審判決」『判例時報』一二八三
上野千鶴子、一九九四、「「セックスというお仕事」の困惑——商業化が進む中での人権」『朝日新聞』一九九四年六月二二日
上野千鶴子、一九九五、「「セクシュアリティの近代」を超えて」上野千鶴子・井上輝子・江原由美子編『日本のフェミニズム6　セクシュアリティ』岩波書店
上野千鶴子、一九九八、『発情装置　エロスのシナリオ』筑摩書房
上野千鶴子・宮台真司、一九九九、「（対談）援助交際は売春か？」SEXUAL RIGHTS PROJECT編『買売春解体白書～近代の性規範からいかに抜け出すか～』柘植書房新書
渡辺里子・朴和美・彦坂諦・加納実紀代・田崎英明、一九九四、「売春は労働か」『インパクション』八四

column

侵攻するオナニズム／身体のパーツ化

法改正の行方

二〇〇六年五月一日、また風営法が改正された。

今回の改正では、まず、「性風俗関連特殊営業」の店舗は、経理者や営業形態などを改めて届け出て、公安委員会から「届け出確認書」の交付を受けることが義務づけられた。また、各都道府県ごとに営業許可区域の詳細な区割りが行なわれ、これによって、各都道府県の迷惑防止条例などと風営法との連携による取り締まりが強化されることになった。そして、「客引き行為」が厳しく禁止されるとともに、広告や看板など宣伝活動への規制も強化されることになった。

この法改正で、取り締まる側が目論んだのは、新風営法（一九八四年）以降、一貫して加熱し続けてきた業者による性風俗情報合戦とも言える派手な宣伝活動を抑え込むことだったのだろう。つまり、出来る限り、性フーゾクを「一般社会」とは切り離し、隔絶した空間へと隔離することである。

いずれにしても、性フーゾクに対する「必要悪」というスタンスを維持したままで法改正を行なうとすれば、この方向しかないのだろう。そして、こうした法改正がもたらす結果も、当然ながら、お決まりのコースを辿ることになる。

『神戸新聞』は、「花街変貌——風営法改正から半年」と題した四回連載記事を二〇〇六年一一月一日から掲載している〔高田・上田、二〇〇六〕。

この記事によると、敗戦前から遊郭として栄え、売春防止法（一九五八年）以降もソープランド街として全国に知られた福原では、二〇〇六年「戦前から続く街の光景が五月一日、一夜にして激変した」という。客引きの姿が路上から消えたのである。

その結果どうなったのか？

新聞記事では、以下のような変化が街に起こったことが記されている。

路上から客引きの姿が消えて、人通りがまばらになった福原では、「ひったくり」「車上狙い」「自動販売機荒らし」が急増し、監視カメラの設置が自治体などで検討されるようになった。

福原には、六八軒のソープランドがあるが、法改正後、「客が増えた店と、減った店と両極端に分かれ」、半年で「四、五軒が営業を休止した」。ただ、ソープランドの新設が兵庫県の風営法施行条例で認められていないこともあり、営業休止しても廃業されることなく、経営権は「数億円単位で売買されるという」。

路上での客引きが禁止されたため、大半の店舗は、ネット上のホームページで宣伝活動を行なうようになり、「ネット上で客引き合戦が加熱」するようになった。そして、「経営が悪化した一部の風俗店」も「ひっそりと客引きを再開」するようになった。

体温のない微笑み

数年前、某地方都市のフーゾク情報を網羅した情報サイトでネットサーフィンをしていて、偶然、以下のようなコピーが書き込まれているデリバリーヘルス（以下、デリヘル）のウェブサイトを見つけた。

最先端の技術で作られたシリコン製で生身の女性にひけをとらない触り心地や肌の感触を是非一度お試しください。
世界一従順な彼女と思いつく限りのプレイをお楽しみください。

利用料金は「一万三千円（七〇分）〜二万三千円（一八〇分）」で、「当店に在籍しているドールは全て六〇万円以上」とある。ちなみに、このウェブサイトは、ある地方都市で生身の人間＝女性を派遣することを主たる営業としているデリヘルのもので、人間の派遣料金は「四〇分一万二千円〜」となっていた。

随分前から「ラブドール」とか「リアルドール」と呼ばれているシリコン製の人形が現れ、一体（一人？）の値段が数十万円ほどで販売されていることは、雑誌等の記事を読んで知っていた。それでも、そんな人形みたいなものでフーゾク営業など商売として成り立たないだろうから、顧客の目を引くための記載に違いないとその時は思った。

後日、何故か気になったので、再びネットで検索して調べてみて驚いた。

数十分ほどのネット検索で分かったのは、ラブドールという商品が一九九〇年代終わり頃より男性誌などで話題となり、様々なタイプの女性をリアルに再現したモノからアニメ系のモノまでが生産・販売されているということだった。[★01]「ラブドール」をレンタル（派遣）することを専門としているフーゾク店は、東京や大阪だけでなく地方都市にもあり、派遣（レンタル？）型フーゾク店だけでなく店舗型フーゾク店までもが存在していたのである。

オタクたちの世界にとどまらず、多くの人たちが「萌え〜」という感情表現ができるようになった現在、ラブドールのような現象が生起したことも、それほど驚くに値しないだろう。おそらく、従順なドールへと向けられた欲望は、性商品を消費する主体としての男のオナニズムが構成した単なる一つの欲望の通過点にすぎない。オナニズムという視点からは、生身の女性へと向かう欲望も、人形《ドール》という物体へと向かう欲望も、消費社会が構成した性商品の一コード＝男たち《オナニスト》のファンタジーということになる。

それでも、幽冥の人魂のごとく現れる「マッチ売りの少女」には、生あたたかい空気をふっと過《よぎ》るひんやりとしたものを感じるのに、パソコンの画面上のラブドールたちからは温度というものが感じられない。そしてラブドールたちの表情を眺めていると、人形たちが笑っているわけではないのに、全ての人形たちがみな体温のない微笑みを浮かべているような錯覚に陥るのは私だけだろうか。

椎根和によれば、永井荷風は、「性」という字を嫌い、「淫という立派な字を使えと」書いたということだ〔椎根、二〇〇四、八七六頁〕が、その荷風は自分の『日記』に以下のように記したという。

閨中の秘儀人を悩殺する者殆絶無と云ひてもよきほどになり。之に反して其頃より浅草の矢場銘酒屋の女には秘儀絶妙のもの少からざりき。（中略）この里に遊ぶこと既に数十回に及ぶといへども、娼妓には依然として木偶に均しきもの多し。（〔椎根、二〇〇四、八七八頁〕より孫引き）

椎根は「今は、普通の女性がみんな木偶になってしまったんですョと」、荷風に慰めの言葉をかけているが、私なら「今の男は、本物の木偶《ドール》と淫するのが当世流なんですョ」と慰めてみたい。

部品《パーツ》化する身体

女性週刊誌『an an』の「恋に効くＳＥＸ★02」という特集記事を見ていて、劇作家・田中澄江による随筆が脳裏に浮かんだ。少々長くなってしまうが、抜粋しておこう。

★01　その時のネット検索では、男性のラブドールは一種類だけ存在することが確認できた。

小学校の同級生に、町で一番大きい遊女屋の娘がいて、遊びにいって、昼間の、遊女たちの部屋をのぞいたことがある。普通の着物で、手紙を書いたり、縫いものをしたりしていて、普通のおねえさんと少しも変りがなかったが、そばを通ってもだれも顔をあげず、膝をまわして、向こうをむいてしまうひともいた。

その日の夕方、帰ろうとすると、同級生は、おもしろいものを見せてあげると言い、一たん外に出て、表玄関の紺木綿の大きな暖簾をくぐって、玄関脇の細い通路に引き入れてくれた。ひろい部屋との境に、細かい桟のはめこまれた格子戸があり、部屋の中には、昼間の遊女たちが、商売着である長襦袢に打掛けという姿で、おひなさまのように並んでいた。（中略）次々に嫖客は、暖簾をわけて入ってきて、細い通路に立って、部屋の中の妓たちの品さだめをする。同級生と私が、だんだんに混んでくる嫖客たちの間をくぐり抜けて妓たちの方を背のびして見ようとしたとき、妓たちの一人が咎めた。

——ちょっと。ここは子供のくるところじゃありませんよ。

その日は寺のお縁日で、私はお縁日に来たことにして遊女屋で遊んでいたのである。帰る道々で涙が出てならなかった。あのおねえさんたちは可哀想と心いっぱいに思っていた。

私が結婚したのは二十五歳のときであ

る。まだ教師をしていて、新婚旅行から帰ってはじめて教員室に出て、同僚の女教師たちからおめでとうと挨拶されたとき、不意に涙が盛りあがって来た。何がめでたいものか。妻になるということは、遊女のやることとどれほどのちがいがあるのでしょうか。みな結婚しているそのひとたちに、そのように聞きたくて、聞けない。夫という男と遊女を買う嫖客と、どこがちがうのでしょうか。そのように問いたくて言葉にならない。ただ、結婚ということは、遊女と同じような姿に自分をおとすことだと知って、限りなくおちぶれ果てた思いでいた。〔田中、一九八三、六一～六二頁〕

一九〇八年生まれの田中と『an an』の読者層とでは、世代的に大きな開きがあり、性をめぐる社会情況も大きな変化があったはずである。それでも、「妻・遊女／女・性労働《セックスワーク》」と「夫・嫖客／男・買春《オナニズム》」との間に存在する非対称的な捻れは、時代の推移とともに解消されるどころか、むしろ大きくなっているようにも思えるのである。

特集記事「恋に効くSEX」では、若い女性に向けた性に関する様々な情報が極めてリアルに掲

★02　最近、『an an』（マガジンハウス）では、年一回恒例の「SEX特集」を組んでいるが、二〇〇五年（一四八一号）と二〇〇六年（一五一三号）は、「恋に効くSEX」という全く同じ見出しでSEX特集号を発行している。

載されているが、一言でまとめてしまうなら、一種の「SEXに関するテクニック」が満載されたHOW TOモノだと言える。女性に向けた性情報が女性誌に掲載されること自体は、悪いことではないし、何かが「進歩」したのだと言えるのかもしれない。ただ、それらの記事の中身を読んでいると、まるで女性自らがあるべき心得を示した「性の女大学」のように思えて仕方ないのである。

　さらに、身体パーツの使い方まで細かくカテゴリー化された性技や性具などが満載された雑誌の随所には、エステや美容整形の広告が「これでもか」というくらい半ば自棄糞《やけくそ》気味に散りばめられている。まるで出陣をひかえて武具の手入れに余念が無い戦士のごとく、自らの身体部品《パーツ》を点検している女性たちの姿が浮かんでくる。

　おそらく、こうした身体のパーツ化は、侵攻するオナニズムに呼応し、応戦しているのだろう。そして戦火や戦禍を覆い隠すために、恋や愛という名の下に、「妻」と「遊女」の間に／「夫という男」と「嫖客《オナニスト》」との間にちがいが作られていくのである。

文献

椎根和、二〇〇四、「跋」草森紳一『荷風の永代橋』青土社

高田康男・上田勇紀、二〇〇六、「花街変貌――風営法改正から半年」『神戸新聞』二〇〇六年一一月一日～四日

田中澄江、一九八三、『ハマナデシコと妻たち――孤愁のひと田中河内介異聞』講談社

Chapter 4
自由への賛歌／惨禍

もっと自由に生きてみたい。誰もが少なからずそう思った経験をもっているだろう。けれども、いかなる社会的拘束や制限なども全く受けないような社会生活は存在しない。「完全なまでに自由に生きる」ことは、現実に不可能であるだけでなく、よくよく考えてみれば、誰も望むことのない空虚な生活であったりする。

1 「夢・誇り・自分らしさ」の喪失感

私が担当している講義で、あるドキュメント番組を観た大学生の感想レポートから始めよう。

みんなちゃんと夢をもっていてすばらしいと思いました。私のように、夢も何もなく、ただ大学

にきて、友達と話をして、クラブをして帰るという生き方よりは、ぜんぜんいい生き方をしていると思いました。（一年生女）

選択して、間違いであればやめればいいのだから、彼女たちにはこの仕事があっているんだと自覚して、また、誇りをもってやっているんだと感じた。だから、今の私とオーバーラップさせると、とてもうらやましいものである。（一年生女）

しかし、彼女の姿は、むしろ最近の無気力な人達よりも、前向きに見えた。（一年生女）

やりたくもない、おもしろくもおもっていない、ＯＬの仕事をだらだらやっている人たちよりも、よっぽどたのしい満足した生き方をしているなと思いました。世間体を気にして、学校を途中でやめないで、空白の時間をすごしている自分にとっては、……学歴がなくっても、自分のやりたいことを自力でやっている人々を見ると、うらやましい。でも、親をうら切れないので、この状態をつづけている自分が嫌いです。（二年生男）

私には、そんな彼女たちが「自分らしく生きる」ということがこういうことなのかもしれないと思えた。何も考えず、何となく就職し、何となく普通に暮らしていく方が、世間的にはよくても、自分らしく、自分の意志を持って生きているとは思えないのではないかと考えた。（二年生女）

一生けん命になれるものがあるのは何にしても、本人にとってはとても幸せなことだと思う。私には夢と言えるものがまだ見つけられていない。その点で、一生けん命生きている彼女たちを少しうらやましく思った。（二年生女）

あるドキュメント番組とは『ＡＶ女優〜組曲・東京幻想〜』（一九九七年／フジテレビ制作）である。先に引いたレポートは、「ＡＶ女優たちを自分たちの日常よりも充実している」ととらえているものの中から典型的なものを抜粋したものである。この種の感想は、ＡＶ女優という職業に対して肯定的な評価をした女性たちのレポートに多くみられた。★01

この類の感想を求めた際、こちらが指示したわけでもないのに、ほとんどの学生たちが「肯定／否定」のいずれかの意見を書いてくることは、予め想定の範囲内であった。意外だったのは、自分たちの日常と比較して、ＡＶ女優たちを「うらやましい」とまで思っている学生が少なくなかったことだった。それほど、今の学生（若者）たちの日常生活は空虚なものなのだろうか？

確かに、このドキュメントに登場する「小室友里・桜沢菜々子・メイファ・森本みう」という四人は、ＡＶ界でそれぞれ一度はブームを巻き起こした売れっ娘（だった）の女性たちである。でも、このドキュメント番組では、ＡＶの舞台裏に隠された過酷な撮影現場や彼女たちの憂鬱がある程度描き出されている。学生たちは、ドキュメントに登場するＡ

★01　この当時のレポートを見ると、1000人ほどの履修者のうち、ＡＶ女優という仕事に対して、肯定派と否定派は男女とも概ね半々だった。

V女優たちの容姿や「AV界での成功」という結果を羨んでいるわけでない。学生たちが羨んだのは、AV女優という過酷な現実に挑んでいる彼女たちの直向《ひたむ》きでポジティブな姿である。

もちろん、私たちが、人間の直向きさやポジティブな姿にシンパシーを感じることはよくある。周回遅れで競技場を走る長距離走者に思わず拍手を送りたくなるような感覚を思い起こせばいいだろう。けれども、感想レポートに記された学生たちの羨みは、この種のシンパシーとは違う。この羨みは、自らの日常に対する空虚な感覚そのものである。自らの生き方を「夢がない」「誇りが持てない」「自分らしさがない」と嘆く若者たちは、「生きることの意味」の喪失感に苛《さいな》まれているように思われる。

このような感覚が「自由への脅威」へとつながっていくことを、N・ボルツは簡潔に言い当てている。

かなりの人々によって「意味の欠如」として体験されるものは、実は意味の地平が開かれていること、オプションが豊かであることにほかならない。逆説的なことだが、意味が見つからないという喪失感は、文化的な意味がさまざまな形で過剰に提供されていることの結果である。何もかも大きな意味があるとされるのだ！　だから、「意味を見出せない」とは実のところ、「全てが別様でもありうること」、つまり結局は「自分の自由を苦にする」「不確実性《コンティンジェンシー》を苦にする」ということだ。「意味が見つからない」とは、自分の自由を脅威として受け取るということだ。［Bolz, 1997=1998:61］

2 人間的自由に関する社会学的認識の困難性《アポリア》

人間的自由とは、個々人が行為する際に、環境による障害や政治的・社会的干渉を受けることなく、自分の意志（思い）どおりに行為することであり、その行為の意志を自己決定すること——自由意志——をいう。一般的には、人間にとって無条件な絶対的自由は存在しえず、自由は一定の条件下において成立しうるものであり、また、自由を行使する個々人には責任が伴うものだと理解されている。

経験科学としての社会学が人間的自由を認識しようとする際には、先験的《ア・プリオリ》な困難性《アポリア》がつきまとう。というのは、既に行なわれた人間の行為を分析対象とする社会学は、先行する動機や原因を探求し、その因果性を科学的に説明することを課題とする学問だからである。つまり、人間の行為に関する社会学的探求は、「社会構造や制度による何らかの規定」「社会関係や役割関係による何らかの制約」などが個々人の意志や行為に及ぼす影響を複数の要因として見出し、それらの要因と当該の行為との因果性を明らかにしようと試みる。

> 経験科学的操作はある種の諸前提の範囲内に限定されるが、その一つに普遍的因果性という前提がある。科学的探求の対象には、先行する原因があるものと仮定されている。それ自体が自己の原因であるような対象や出来事は、科学的な言説の宇宙（the scientific universe of discourse）の範囲を超えたところにある。ところが、自由はまさにこの性格をそなえているのだ。この理由からして、科学的探求をどれだけやってみたところで、自由と呼びうる現象は決して明らかにされないだろう。あることが、たとえある個人の主観的意識の内部では自由として現われたとしても、科学的図式の内部では、それは何らかの因果連鎖の一環としての位置を占めることになるだろう。
>
> 自由と因果性とは論理的に相矛盾する用語ではない。しかしながら、両者は本質的に異なった準拠枠に属する用語なのである。［Berger,1963=1979:180］（傍点原文）

R・ダーレンドルフの造語である「ホモ・ソシオロジクス」は、人間の社会的行為を分析するために、社会学が前提とする人間モデルとして構成されたものである。一般に「役割人間」と訳されることも多いホモ・ソシオロジクスは、以下のように定義されている。

> ホモ・ソシオロジクスは個人と社会との接点に存在し、それは前もって形成されている役割の担い手としての人間である。個人というのは、彼の社会的役割のことであるが、しかもこうした役割は、それ自体社会の腹立たしい事実なのである。社会学は、その問題を解くにさいして、つねに分析の基本的カテゴリーである社会的役割を顧慮する必要がある。すなわち、社会学の対象は、社会的役割の構造を発見することなのである。[Dahrendorf,1959=1973:14]（傍点原文）

ダーレンドルフが基本的カテゴリーとして位置づけた社会的役割は、さらに以下の三つに分けられる。

一、社会的役割は、地位と同じく行為規定の準－客観的で個人から基本的に独立した複合体である。二、社会的役割に特有の内容は、ある個人によってでなく、社会によって規定され、あるいは変えられたりする。三、役割に束ねられた行為期待は、ある要求義務をもって個人に遭遇する。その結果、行為期待から逃れようとするばあいには、彼は必ず不利益をこうむる。［Dahrendorf,1959=1973:46］

ダーレンドルフにしたがえば、社会的役割は、客観的事実として諸個人に先立って存在し、諸個人に対して「外在性」と「拘束性」をもって立ち現れる。その限りで、諸個人は、予め構成された社会的地位（ポジション）につき、その地位の担い手として要請される役割期待に応じた役割演技を遂行する他律的な人間である。そして、要請される役割期待を拒否したり逃れようとすれば、諸個人には社会的なサンクションが課せられることになる。

こうした視点は、社会構造の側から人間の行為（社会の中の人間）を捉えようと試みるものであり、構造－機能主義的な役割論として展開されていく。この場合、役割は、既存の社会構造を維持していくための「機能」に相当する。社会構造や社会システムを安定・維持していくための機能を果たすべき役割を期待された人間がホモ・ソシオロジクスであると言えるだろう。そして、「役割の拒否」や「役割からの逃避」は、社会構造（システム）

上の「機能障害」や「逆機能」として逸脱のラベルが貼られ、社会的「排除」「隔離」「治療」の対象とされる。

構造–機能主義とは逆に、個人の側から社会（人間の中の社会）を捉えようとしたのは、G・H・ミードを源流とするシンボリック相互作用論を系譜とする役割論である。よく知られているように、ミードは、人間の自我形成を「他者の役割取得」として捉える。ミードによれば、子どもは、他者が当該の社会の中で対象に対してとる態度を学ぶことによって同じ態度をとることを学ぶと同様に、他者が自分に対してとるのと同じ態度を自分自身に対してもとるようになる。そして、自分に対する他者の態度に照らして自分自身を考えることで、人間ははじめて自己意識的に、社会的自己を獲得する。この自我形成過程は、「他者の役割取得」として、二段階に分けられる。まず、子どもは、ごっこ遊び（遊技）によって、母親や先生といった「意味ある（重要な）他者（significant others）」からの役割を取得する（第一次的社会化）。次に、子どもはゲーム遊びによって「一般化された他者（generalized other）」からの役割、即ち社会的ルールを取得する（第二次的社会化）。

ゲームと遊戯との根本的なちがいは、前者の場合、子どもがゲームに参加している他のすべての子の態度を〈脳裡に〉もたねばならない点にある。ゲーム参加者が想定している他のプレーヤーたちの態度は、ある種の集合体《ユニット》に組織され、この組織〔だった態度の集合〕こそが個人の反応を支配する。野球参加者を例にしてみよう。かれ自身のどの動作《アクト》をとっても、そのゲームをしている他人の動作《アクト》をかれがどう想定したか、で規定されている。かれの行為は、そのチームの他のメンバーの一人ひとりにかれがなることで決まっていく。すくなくともこういう態度が、かれ自身の特定の反応に影響をあたえる。こうしてわれわれは、同じプロセスに関与している人々の態度の組織化《オーガニゼーション》という意味でのひとつの「他者」を発見する。
〔Mead,1932=1973:165-166〕

ゲーム段階の自我形成過程において出現する「一般化された他者」を、ミードは「自我の統一を与える組織化された共同体《コミユニテイ》もしくは社会集団」と定義し、「一般化された他者の態度は、全共同体の態度である」と述べている〔Mead,1932=1973:166〕。つまり、自我形成は、既に構成されている社会へと同調することによって、「他者」の態度（役割）を取得することを通じて達成されることになる。

ミードの自我形成論は、個人の側から社会をとらえようと試みる視点にたった役割論へと展開され、E・ゴッフマンに代表される演劇論的アプローチへとつながっていく。演劇論的アプローチでは、社会を舞台にみたて、人間個々の行為を「役割演技」として捉えることで、人々の対面的な相互行為の場面を明らかにする。この場合、個々人は、社会（舞台）において割り振られた役柄に応じて、期待される役割を自発的に演じる役者として位置づけられる。そして、演劇やドラマで役者が演じる行為に感情が伴うように、日常生活において役割演技する個々人の行為にも期待される役割に付随した感情が喚起されることになる。

　ここまでみてきた視点の異なる二つの役割論は、いずれも人間的自由という観点からすると、非常に冷酷な人間像、すなわち社会統制から逃れられない「不自由で」「他律的な」人間像を提供している。けれども、ダーレンドルフもミードも、決して人間を「不自由な操り人形」のように考えていたわけではない。

　ダーレンドルフは、「人間が観察可能な行為において役割演技的・非決定的生物となる」と言い、そうではない別の現実を認めて、以下のように述べている。

> ホモ・ソシオロジクスも自由な個人も、我々の現実の世界の、ならびに世界を理解する場合の部分である。だから、社会学者への第一の要求は、彼がそのディレンマを認識し、そしてその緊急性を一瞬たりとも忘れないことである。人間について

の社会学的知識の不十分性という憂鬱さに耐えることのできない者は、この科学に背を向けたほうがよいであろう。〔Dahrendorf,1959=1973:153〕（傍点原文）

また、ミードの自我形成論には、あまりにも有名な「Iとmeとの相互作用過程」が含まれている。

「I」とは、他者の態度にたいする生物体の反応であり、「me」とは、他者の態度（と生物体自身が想定しているもの）の組織化されたセットである。他者の態度が組織化された「me」を構成し、人はその「me」にたいして「I」として感応《リアクト》する。〔Mead,1932=1973:166〕

われわれは何かをしているが、自分が振りかえって見るとしたら、記憶像をよびおこしながらである。だから現実には「I」は、実際には「me」の一部としてあらわれる。この経験にもとづいて、われわれは、何かをしている人間と、その人に問題を提供している「me」とを区別する。反応は、それがおこった後にはじめて、かれの経験に登場する。（中略）結果としての動作《アクト》は、かれが望んで予想した動作から

はいつでもすこしずれている。〔Mead,1932=1973:189〕

「I」は自由とか自発性とかの観念をもたらす。われわれが自我意識〔自覚〕的な流儀で行動すべき状況である。われわれは自分自身を知り状況を知っている。けれども自分たちがどう行動するかは、行為がおこった後でないと、経験のなかでは精確にはつかめない。〔Mead,1932=1973:190〕

確かに、人間は、自らに期待された社会的役割を想定して（状況を把握して）行為するけれども、そうした行為は、厳密には、現実に期待された社会的役割へと完全に合致するわけではない。また、実際の行為と自らが予想した行為とは、結果として、ずれが生じてくる。ミードの言う「I」は、そうしたずれを生じさせ、「me」においては予期しえない不確定性や新奇性を発揮するものである。そして人間は、そうしたずれを埋めるべく、不確定性や新奇性をもって「me」の再構成へと向かっていく。こうした「I」と「me」との不断の内省的な相互作用こそが、自我形成の過程である。

しかし、ミードが作り出した「I」というカテゴリーの正体をめぐっては、これまで幾度となく議論がなされてきたけれども、それはいぜんミステリアスなベールに覆われたままである。いずれにしても「I」は、経験的な次元で把握できるものではない。また、ダーレンドルフが社会学者へと促したジレンマの認識も、倫理的な課題として、ホモ・ソシオロジクスとは異なる「別の現実」を想定しておく以上のものとはなっていない。おそらく、これらの課題に正面から応えようとすれば、「役割」自体に関するメタ社会学（メタ・セオリー）的な考察が必要とされるだろう［志村、一九八四］。

ここでは、人間的自由に関する社会学的認識自体が困難《アポリア》性を抱え込んでいるということ、そして一見すれば、「不自由な人間像」を提供しているかのように思われる社会学的役割論でさえ、どこかで「人間的自由」を想定せざるをえない現実が存在しているということだけを確認しておこう。

3　人間的自由に関する社会学的救済

社会学が、経験科学の範囲にふみとどまりながらも、その探求の対象から人間的自由を捨象することなく、「現実」へと立ち向かうことは可能だろうか？　この可能性に関して議論をすすめる前に、こうした問い自体が成立する前提を確認しておこう。

P・L・バーガーとS・プルバーグは、以下のように「脱物象化の三つの社会的－歴史的布置」★02を指摘している〔Berger & Pulluberg,1965=1974〕。

①自明視されていた世界の崩壊を必然的に伴う社会構造の全面的崩壊

②文化的接触という状況やその結果として起こる文化衝撃〈カルチャー・ショック〉

③社会的にマージナルなところにいる個人や集団

これらは、経験科学としての社会学が人間的自由に関して考察せざるをえないことを指し示すとともに、「自由」に関する社会学的認識の困難性《アポリア》を回避するためのヒントを提供している。

①は、「誰もが当たり前だ」と思っていた世界が「自然災害」や「革命」などによって崩壊してしまうような場面である。大地震で一瞬にして崩壊した都市を目の当たりにしたとき、人々は自分が生きてきた都市社会が何とも脆弱な人為的基盤の上に成立していたことをあらためて知らされる。崩壊した都市では、「食べる」「飲む」「排泄する」という自然の摂理に遵《したが》うだけと思われていた行動

★02　バーガーらは「物象化」を以下のように定義している。
「物象化という言葉でわれわれが意味するのは、物性という特性が客観的な現実の基準となるような疎外過程における契機のことである。（中略）物象化は全体的意味構造としての世界とそのなかにおけるすべての契機に適用することができる。世界は、それが人間の世界である限り、常にその性格は社会－歴史的なものである。それゆえ、社会的あるいは歴史的な現象は、なんであれ物象化されうる。しかしながら、物象化されねばならない、というわけではない。」〔Berger & Pulluberg,1965=1974:102〕

さえもが、電気やガス・水道といった人為的な基盤なしには成立しえないことが明らかになる。また、「ベルリンの壁の崩壊」のような出来事は、堅固に思われた国境であっても、人間の意志次第では、呆気なく崩れ去ってしまうことがあるのを人々に想起させる。

②は、人々が自分の世界とは異なる異文化に直面した際、それまで自明であるかのように思われた自己の世界観が揺らいでしまうような場面である。バーガーらは、文化的接触が「戦争という形をとるか、それとも交易や移民という形をとるか、ということには関係なく、それは世界と世界との衝突をもたらす」とし、その後に「諸文化のごたまぜから暴力的な他所者の排斥主義」に至るまで様々な可能性があると指摘する。そして、「その重要な例は、さまざまな人々を混在させる都市が果たした歴史的役割に見出せる」と言う［Berger & Pullberg,1965=1974:113］。

③は、移民や外国人労働者、俗界を退いた宗教的行者や隠者、暴力団やマフィアなど、当該社会の周辺や境界領域に存在する集団や個人が、時に、自明視されてきた規範や支配的な文化的価値観から距離をとり、現実に対して創造的に働きかける契機をうちに備えている、という傾向のことである★03。

上記のように、バーガーらが「脱物象化の社会的－歴史的布置」を示したのは、前節で取り上げたホモ・ソシオロジクスのような社会学主義への批判を意図していたと言えるだろう。その際、彼らが都市社会が孕む異文化やマージナルな人々に対して着目したことを、もう少し掘り下げてみたい。

実際、これまで多くの社会学者が、都市に何らかの自由な雰囲気を感じとり、都市を社会学の主要な研究対象として位置づけてきた。

例えば、G・ジンメルは、大都市人の精神生活に見出せる「冷淡」「無関心」「孤独」「荒涼」の裏面として、「自由の本質」――個々人の「特殊性」「無比性」「代替不可能性」――が表明される場所として大都市を特徴づけている。

精神化され洗練化された意味において、大都市人は、小都市人を押し込めている狭量と偏見とは反対に「自由」なのである。それというのも、相互の冷淡と無関心、大きな圏の精神的な生活条件は、個人の独立性にとってそれらの結果において、大都市のもっともこみあった雑踏においてほどには決して感じられないからである。なぜなら身体的な接近と密着とが精神的な距離をはじめてまったく明らかとするからである。事情によってはまさに大都市の雑踏のなかほどにはどこにおいても孤独と荒涼とを感じないとすれば、これは明らかにたんにこの自由の裏面であるにすぎない。それというのも、こ

★03　パークは、ムラトー（混血児）と呼ばれる人種的ハイブリッドにマージナル・マンの典型的な特徴を見出した［Park,1928=1986］。マージナル・マンに関連しては、ジンメルによる異郷人（Fremden）論［Simmel,1908=1994］やA・シュッツの余所者（stranger）論［Schutz,1964=1980］などがあり、古くから社会学の研究対象として注目されてきたテーマだった。日本では、折原浩による優れた研究がある［折原、1969］。

こでも他のばあいと同じように、人間の自由が彼の感情生活において健在として反映することは、けっして避けられなくはないからである。［Simmel,1903=1994:196］

また、シカゴ学派を代表するR・E・パークは、「都市の自由」の中にこそ人間や社会を理解するための格好な現象が生起すると考えた。


諸制度や社会生活を研究する場合に都市がとりわけ有利な場所だということは、ひとつには、都市生活という条件下で制度は急速な成長を遂げるという事実による。われわれのまさに目の前で制度は成長をする。したがって、その過程を観察することも、また成り行きによって実験をすることも可能である。

社会生活を研究する場所として都市が有利であり、その結果社会的実験室としての性格を都市がもつのには、もう一つの理由がある。都市では、人間の本性《ヒューマン・ネイチュア》のあらゆる側面が目につきやすいだけではなく、非常に拡大される。

都市の自由の中では、どんなに風変わりであろうとあらゆる個人が、各自の個性を伸ばしてそれをなんらかの形で表現できる環境を、どこかで見つけ出す。（中略）その結果、都市では、秘められた野心や抑圧された願望が、残らずどこかで表現

> されることになる。ありとあらゆる形をとって現れる人間の本性を、都市は強化し伝播し宣伝する。都市がおもしろいものになったり、また時に魅惑的にさえなるのは、まさにこれらのおかげなのだ。しかし他方、都市が他のどこにもまして、人間の心の秘密を発見するのにふさわしい場所であり、それゆえ人間の本性《ヒューマン・ネイチュア》や社会を研究するのにふさわしい場所であるのも、このためなのである。［Park,1929=1986:34-35］

都市は「異質な他者たち」が接触する社会空間だからこそ、多くの社会学者たちが都市へと惹かれていったのである。ここで敢えて接触という言葉を使用するのは、一般に使用される「共に生きる」「共存する」という表現に含まれている「仲良く」という意味を払拭したいからである。人間誰しも社会生活をいとなむ限り他者と共に生きなければならないし、共存せざるをえない。ただ、それは必ずしも仲良くというわけではない。他者との間において、対立や葛藤、闘争や紛争が遍在しているのが、現実の社会である。そしてここに、社会学という学問が直面する「自由の問題」がある。誰もがもっと自由に生きたいと思いながらも、なかなか自由に生きられないのは、人間が他者とともに生きなければならない社会的存在であるからにほかならない。

社会学とは、人間が社会的存在であるという前提のもとに出発する学問である。その前提ゆえに、社会学は、当初から現在に至るまで、人間的自由の問題へと向き合ってきたのである。

4 自由への憧憬と憎悪

異質な人々や文化の坩堝《るつぼ》としての都市に自由な雰囲気を感じ取っている点では、ジンメルとパークは共通している。けれども、両者による（都市の）自由に対するスタンスは、かなり異なっている。

大都市に自由な精神生活の特徴を見出したジンメルは、必ずしも自由が個々人の感情にとって好ましいと感じられるわけではないと考えた。一方、パークは、社会学的関心を喚起させる「社会的実験室としての都市」を謳歌するのと同様に、「都市の自由」をも謳歌する。

社会問題とは基本的には都市の問題〔city problem〕である。つまり、家庭や氏族《クラン》、部族の中で自然に成長してきた秩序や統制と同等の、社会秩序や社会統制を

都市の自由の中で確立する、という問題である。［Park,1929=1986:12］

ここで注目しておきたいのは、パークが「社会秩序や社会統制」という一般には「自由に対立するもの」を「都市の自由の中で確立する」と言っていることである。それは、パークを含めて、シカゴ学派の社会学者たちが、移民街やスラムやギャングなど「異質な人々」——WASPのような標準的なアメリカ人にとって——を好んで研究対象としたことに深くかかわっている。つまり、自分たちにとって「不可解なもの」を理解可能なものとして把握し、「違いが分かる存在」へと位置づけるべく社会制度や秩序を「成長・発展」させていくことが、多くのシカゴ学派の都市社会学者に共通したスタンスであったのである。

このようなスタンスのもとでは、「異質な人々」は、しばしば「問題」として発見され、「病理」として位置づけられ、「自由を脅かす存在」として対処されることになる。ゆえに、パークの謳歌した「都市の自由」は、ある特定の人々にとっての「自由」であり、別の人々からすれば「自由の抑圧」とさえ感じられるものだったに違いない。

ただ、パークの「異質な人々」や「異質な文化」への眼差しには、「他者の自由」に対するアンビバレントな感情を看取できる。★04 すなわち、一方では「魅惑」や「羨望」の感情

★04　現在でも、シカゴ学派による都市研究の古典へと多くの社会学者が惹かれるのは、当時のシカゴ学派の研究者たちの多くが——パークと同様——このアンビバレントな感情を備えていたからだろう。

であり、他方では「問題」と「恐怖」の感情である。

一九六九年に公開され、当時、多くの若者に支持されたアメリカ映画『イージー・ライダー』（デニス・ホッパー監督）は、「他者の自由」に対して喚起される恐怖を上手く描き出している。

麻薬の売買で儲けた金を手にキャプテンアメリカとビリーは、腕時計を投げ捨てバイクで謝肉祭へと旅立つ。旅の途中で知り合ったアル中の弁護士ジョージ・ハンセンと連れだって、宿泊しようとホテルを探すが、ヒッピー・スタイルの彼らは、二流のモーテルでさえ宿泊を拒否される。やむなく野宿する羽目になったところで、ジョージ・ハンセンとビリーは語り合う。

ジョージ・ハンセン「アメリカはいい国だった。どうなっちまったんだ？」
ビリー「臆病になったのさ。二流のモーテルさえ泊まらせないんだ。何をビビってやがるんだ？」
ジョージ・ハンセン「怖がってるのは、君が象徴してるものさ。」
ビリー「長髪が目障りなだけだ。」
ジョージ・ハンセン「違う。君に自由を見るのさ。」

ビリー「自由のどこが悪い？」

ジョージ・ハンセン「そう、何も悪くないさ。自由を説く事と自由であることは別だ。カネで動く者は自由になれない。アメリカ人は自由を証明するためなら殺人も平気だ。個人の自由についてはいくらでも喋るが、自由な奴を見るのは怖い。」

ビリー「怖がらせたら？」

ジョージ・ハンセン「非常に危険だ。」

この後、ジョージ・ハンセンは、地域住民と思われる「普通の」オジサンたちに殴り殺され、そして映画のラストシーンでは、見失いかけた自由を求めてバイクで迷走するキャプテンアメリカとビリーも虫けらのように殺される。三人が殺された理由は、彼らの型破りで異質なスタイルと行動だけである。逆に言えば、三人を殺した人々の動機は、異質な他者に対する憎悪だけである。そしてこの憎悪を喚起したものこそ、「自由な奴」に対する恐怖に他ならない。

なぜ、「自由な奴を見るのは怖い」のか？　その理由は、「自由な奴」を見る者（たち）が自分自身の不自由さを感じるからである。この場合、異質な他者が実際に自由であるかどうかは全く関係ない。異質な他者と出会すことで、人間は自らが規範に呪縛された不自由な存在であることを意識させられるのである。

例えば、都市における野宿者（ホームレス）に対して、少なくない人々が抱く「自由気侭な生活をしている」というイメージを思い起こせばいいだろう。少し考えてみれば、どれほど彼／彼女らが不自由な生活をしているのかを容易に想像できるにも拘わらず、妬みのような憎悪を感じる人々は、自分自身の不自由さを感じ、自らが不自由であることに気づいてしまうのを恐れているのである。

5　他者と共にある／行為する自由

さて、ここまで拙文を読み続けてきた読者は、まさに〈いま・ここ〉で自由な存在として現れている。本を閉じて読むのを放棄することもできるし、再び前の部分を読み返してもいい。いくつかの文字にマーカーで印を付けてもいいし、ページの余白に落書きすることもできる。社会学的に考えれば、人が「自由である」のは、何らかの行為を行なう瞬間的な場面である。なぜならば、何らかの行為を行なって結果が出てしまえば、行為する前は行為の結果と因果的に関連づけられてしまうし、さらにその結果は自ずと後の行為をも制約することになるからである。

議論の次元は異なるけれども、H・アーレントも同様の指摘をしている。

> 人々が自由である——それは自由への天分を所有することとは違う——のは、人々が行為する限りのことであり、その前でもその後でもない。自由であることと行為することとは同一の事柄だからである。［Arendt,1954→1968=1994:206］（傍点原文）

アーレントが「行為することを自由である」と言うのは、行為が「予期しえなかった奇蹟」＝「新しい始まり」だからである。

> 行為者のパースペクティヴではなく、過程のパースペクティヴ——行為はその過程の枠組みのなかで生じながらその自動性をさえぎろうとする——から見れば、あらゆる行為は、「奇蹟」すなわち予期しえなかったものである。行為と始まりは本質的に同一であることが真実とすれば、奇蹟を起こす能力も同様に、人間の能力の一つでなければならないことになろう。これは実際以上に奇妙に響く。新しい

始まりは、本性そのものからして、「およそありそうもないこと」である。われわれの存在全体は、究極的には、一連の奇蹟、いわば、地球に存在者が生まれ、そこで有機的生命が発達し、動物の種から人類が進化したという奇蹟に基づいている。

[Arendt,1954→1968=1994:230]

上記の文章には、アーレントの人間観が強く現れている。新しい始まり＝奇蹟を起こす能力に特性づけられた行為こそが、人間が「自由であること」の証なのである。注意しておかなければならないのは、アーレントの人間観＝自由観では、「自由は人間が所有するものではない」ということである。なぜならば、個々の人間は、その都度、新しい始まりとして世界へと誕生してくるのであり――人間が自由を行使する権利を所有しているのではなく――、「人間であることと自由であることはまったく同一の事柄」だからである★05[Arendt,1954→1968=1994:227]。

こうしたアーレントの自由観は「他者の自由の擁護★06」という問題にも関連している。前節で引いた『イージー・ライダー』のように、「異質な他者＝自由な奴への恐怖と憎悪」という問題は、アーレントが想定する自由観に対する対極に位置するとともに、彼女自身が課題として掲げた「他者と出会うための共通の公的空間」の必要性★07に繋がっている。人間が新しい世界へと誕生してくるという奇蹟は、他者が各々の生をそれぞれ別様な仕方で生きるということであり、他者の別様な生き方に出会うことこそが自由であることの証である。[★08] 共約不可能な他者と共に生きることこそ、人間であることが自由であることを示す、というアーレントの自由観＝人間観は、「他者と共に生きなければならない」という人間存在が直面する「自由の問題」を考える際に、今なお非常に重要な視角である。

けれども、現実の世界――新しい世界[★09]とは異なり――からは、「他者と出会うための公的空間」が奪われている。多くの場合、人々は――奇蹟ではなく――ルーティーン化された自明性の世界を防御しようと躍起になり、奇蹟を経験することが自己を脅かす恐怖に変わり、他者に対する憎悪へと転換してしまう。なぜならば、アーレントの言う奇蹟とは「およそありそうもないこと」であり、奇蹟を経験するということは、自明性の世界が解体することにほかならないからである。

★05　アーレントは以下のように述べている。
「人間が１人１人誕生するごとに、この最初の始まりはあらためて確証される。なぜなら、そのつど、すでに存在し各人の死後も存在し続ける世界のうちに、新しい何かがもたらされるからである。人間はそれ自らが始まりであるがゆえに、始めることができる。」[Arendt,1954 → 1968=1994:227]

★06　この点に関しては［齋藤、2005、109 ～ 126 頁］参照。

★07　アーレントは次のように述べている。
「自由は、思考の属性や意志の属性となる前に、自由人の状態《スタイタス》、つまり、人々に移動を可能にさせ、家を後にして世界のなかに入り、行ないや言葉において他者と出会うのを可能にさせる状態として理解された。この自由には明らかに解放《リベレイション》が先立っていた。しかし、自由であるという状態は解放の作用から自動的に帰結するものではない。自由は、単なる解放に加えて、同じ状態にいる他者と共にあることを必要とし、さらに他者と出会うための共通の公的空間、いいかえれば、自由人誰もが言葉と行ないによって立ち現われうる政治的に組織された世界を必要とした。」[Arendt,1954 → 1968=1994:200]

私たちが、日常的に行為する場合、「自由である」という感覚をあまり持ち得ない理由の一つは、その行為が「およそありそうもないこと」から懸け離れているからかもしれない。日常的な行為は、予め行為の結果が予想されたものであり、現実となる結果も予想された範囲の結果となる確率が圧倒的に高い。

けれども、厳密に考えてみれば、如何なる行為であっても、人間の行為である限りにおいて、その結果がいつも完全に予想通りになるわけではない。そしてアーレントにしたがえば、予想外の結果は、「およそありそうもないこと」であればあるほど、その行為を奇蹟と呼ぶに相応しいことになるだろう。予想外の結果になる可能性や、およそありそうもない出来事に遭遇する可能性があるからこそ、行為する人間であることは自由であることになる。

他方で、結果が予測できないような行為や、明確な意図や目的があっても達成できる見込みが薄い行為へと挑むとき、私たちは、そうした行為に「自由である」という感覚を持つことが多い。途方も無い夢を見たり、大それた野望を抱いたりするとき、人はたとえ束の間であっても自由な気分を味わう。

けれども、おそらく誰もが経験したことがあるように、自由な感覚や気分を抱くということは、実のところ「不自由である」という厳然たる事実の裏返しではないだろうか?

「途方もない夢」や「大それた野望」は、誰にとっても「途方のない」「大それた」ことなのだろうか？

それらは、よくよく考えてみれば、ある特定の限られた人たちにとっては、取るに足らないような些細なことかもしれない。つまり、現実の社会において、自由は不平等なものとして存在している。

Z・バウマンは、自由の不平等を簡潔に言い当てている。

> 人によって自由の程度は異なる。人によって選択の自由、とりうる行為の幅が異なると言うことが、**社会的な不平等**の本質である（このような相違には、生まれながらのものもあれば、人々の相互作用によって生じ、保たれているものもある。そして相互作用の変化とともに、人によって不平等の程度が変化し、まったくなくなるということもありうる）。ある者は他の者よりも自由である。それは選択の幅が広いということであって、多くの

★08　この点に関しては、齋藤純一による以下の指摘をふまえておかなければならない。

「アーレントの理解に沿うならば、他者の自由を擁護すべき最も重要な理由は、誰もがそれぞれ「他にない」自由を生き、生きようとするからであり、この自由がこの私に歓びをもたらすかどうか、この私を触発、挑発するかどうかは、それに比べれば二次的な事柄にすぎない。かりに、ある他者の自由が私には受け容れがたいものであったり、そもそも無縁であったりするとしても、それは他の誰か――その誰かは決して特定しえない――には掛け替えのないものであるかもしれない。」［齋藤、2005、121頁］

★09　アーレントは、決して絶望的にではなく、ある意味で冷静に次のように言っている。

「客観的に見れば、すなわち、人間は始まりであり始める者であることをまったく度外視して外から眺めれば、明日も今日と変わらない確率はつねに圧倒的である。」［Arendt,1954 → 1968=1994:232］

資源にもとづくことができるとともに、広範囲の価値に手が届くということである（かれにとって、このような価値の追求は現実的で、実現可能なものであるのに対して、あまり運のよくない者にとってそれは、むなしく、心を乱し、そして最後には徒労に帰する夢にとどまる）。〔Bauman,1990=1993:149-150〕

6　自己決定という不自由

I・バーリンが「もっとも有名な自由主義のチャンピオン」〔Berlin,1969=1971→2000:310〕と評したJ・S・ミルによる最も有名な自由に関する記述をみてみよう。

文明社会のどの成員に対してにせよ、彼の意志に反して権力を行使しても正当とされるための唯一の目的は、他の成員に及ぶ害の防止にあるということにある。人類の構成員の一人の単に自己自身だけの物質的または精神的な幸福は、充分にして正当な根拠ではない。ある行為をなすこと、または差し控えることが、彼のためになるとか、あるいはそれが彼を幸福にするであろうとか、あるいはまた、それが他の人の目から見て賢明であり或いは正しいことであるとさえもあるとか、という理由で、このような行為をしたり、差し控えたりするように、強制することは、決して正当ではありえない。〔Mill,1859=1971:24〕

いかなる人の行為でも、そのひとが社会に対して責を負わねばならぬ唯一の部分は、他人に関係する部分である。単に彼自身だけに関する部分においては、彼の独立は、当然絶対的である。個人は彼自身に対して、すなわち彼自身の肉体と精神とに対しては、その主権者なのである。〔Mill,1859=1971:25〕

この短い文章の中には、ミルの自由観を特徴づけるいくつかのポイントが凝縮されている。整理してみよう。

まず、人間の自由は、原則として侵害されるべきではなく、擁護されるべきである、と位置づけていること。したがって、国家や社会が個人の自由に対して制限を加えることは、その自由の行使が他者に対して害を及ぼす場合に限られること（一般に「他者危害の原則」と言う）。

次に、ある行為が明らかに愚行や醜行であっても、またさらに、行為者自身にとってどれほど不幸な結果をもたらすとしても、行為主体である人間の意志を尊重すること（一般に「自己決定権」と呼ばれる）。そして、人間が自分の行為に対して社会的責任を持たねばならないのは、他人に関係する場合に限られるということ。つまり、「当人自身のためにならない」という類の理由は、自由を制限することを正当化するものではないということ（一般に「自己責任」と呼ばれる）。

さらに、個々の人間が自由の主権者である（べき）ということ[★10]（一般に「主権的自由」と言う）。ゆえに、個々の人間が持っている自由権を最大限に拡張していけるような社会（＝自由主義社会）こそが目指されるべきであるということ。

現在、私たちが生きている自由主義社会は、ミルの自由観を構成原理として成立している。もちろん、ミルが構想した『自由論』以降、人間個々人の自由が順調に拡張されるような方向で、社会が変化してきたわけではない。ミルの自由論は、人間の主権的自由を最大限に拡張することを目指して展開された自由主義思想の古典であるけれども、それは「どこまで（どの程度）自由を認めるのか」「誰に自由を認めるのか」という現実的な議論や課題を社会に突きつけた古典でもあった。

一つの重要な課題は、「他人への危害」をどの程度に見積もるのかということであり、どこまで個人の自由を認めるかということである。

例えば、煙草を吸う人間が吸わない他人に何らかの害をもたらすとするのであれば、喫煙の自由は特定の場所などに制限されることになるだろう。そうすると、酒を飲む人間が飲まない他人に何らかの害をもたらすとするのであれば、酒気を帯びた人間は酔いが醒めるまでどこかに隔離されなければならないだろう。現在の日本社会では、煙草に関しては、嫌煙権が優勢で喫煙権が制限される方向にあり、飲酒に関しては、酒を飲みたくない他人へと無理矢理に酒を強要するような行為のみがアルコール・ハラスメントとして制限される方向になりつつある。常識であるように思われるかもしれないけれども、かつてアメリカで施行された禁酒法を思い起こしてみればわかるように、ある特定の行為を制限したり認めたりすることは、時代時代で違ったり、社会ごとに異なったりする。なぜなら、「他人への危害」は、決して一元的な尺度では定義できないからである。

もう一つの重要な課題は、「誰に自由を認めるのか」という議論である。「自由主義だから全ての人間に自由を認めるべきだ」というような単純な発想を、もちろんミル自身はしていない。

> この諸説を、諸々の能力の成熟している人々だけに適用するつもりであることは、恐らくいう必要はない。［Mill,1859=1971:25］

★10　ミルのような「主権的自由」観は、アーレントのように「他者と共にある」という自由観の対極にあると言えるだろう。

右記の中で、ミルの言う「諸々の能力の成熟している人々」が具体的に誰を指すのかは、定かではない。★二いずれにしても「諸々の能力の成熟している人々」をどのように定めるのかによって、自由権を有する人間は異なってくる。したがって、裏を返せば、諸々の能力の未成熟な人々、すなわち自由権を持たない人間の問題（＝パターナリズム）が現れることになる。

社会は「諸々の能力の成熟している人々」に対しては自己責任を負わせることができるけれども、諸々の能力の未成熟な人々には責任を負わすことはできない。ゆえに、自己責任能力を持たない人々は、自由が制限されるとともに、社会によって保護されるべき存在として位置づけられることになる。パターナリズムとは、当該社会における弱者に対して、社会（もしくは強者）が弱者の利益を守るために、弱者を保護するとともに、弱者の自由・権利を制限することを正当化するという考えである。

例えば、弱者には、（おとなや成人に対する）子どもや未成年、（男性に対する）女性、（健常者に対する）障害者、（医者に対する患者のような）素人等々をカテゴリーとして含めるかどうかが議論されてきた。「成熟／未成熟」「有能／無能」「強者／弱者」等々の境界は、各々の社会的状況に照らしてしか、決定できないからである。

また、注意しておかなければならないのは、どれほど弱者の保護を唱えようとも、パターナリズムは、強者の権利を拡張する議論へと傾斜していくイデオロギーであるということである。まったく別の社会的文脈ではあるけれども、バーリンが「一つの信仰」として批判した視点は、パターナリズム批判としても当て嵌まる。★12

正義、進歩、未来の世代の幸福、神聖なる使命、国民・民族・階級の解放、さらに自由そのもの——これは社会の自由のために個人の犠牲を要求する——、等々、歴史上の大きな祭壇において、個人が殺戮されてきたことについては、他のなによりもまして一つの信仰に責任がある。その信仰とは、つまり、過去においてにせよ、未来においてにせよ、神の啓示においてにせよ、一個の思想家の心中においてにせよ、あるいは歴史なり科学なりの宣告においてにせよ、あるけがれなき善良なるひとの純真な胸中においてにせよ、とにかくどこかに、究極的・最終的な解決があるという信仰である。この古くからの信仰は、ひとびとが信じてきたすべての積極的な価値は、最後に互いに矛盾す

★11　もしかすると、ミル自身は、当時の一人前の人間と考えられていた「成人した健康な男性」を想定していたのかもしれない。また、ミルの自由論は、教育が普及していくという前提に立って展開されている。その意味で、ミルは、教育の普及によって、「諸々の能力の成熟している人々」が大多数を占める自由主義社会の基礎が成立する、という極めて楽観的な想定に立っていたと思われる。
★12　積極的自由の追求が魔術的変換によって支配へと転じていくことに警鐘を促し、消極的自由を擁護することの重要性を主張したことで知られるバーリンの『自由論』は、ファシズムとコミュニズムによる全体主義的な専制に対する批判として展開された。

ることはないはずであり、おそらく相互に必要としあうものであろうという確信にもとづいている。［Berlin,1969=1971→2000:381-382］

近年の日本社会は、自己決定権を拡張していくような方向（一般に「新自由主義《ニュー・リベラリズム》」と呼ばれる）へと進んでいる。人間個々の自己決定が重視される社会は――一見すれば自由度が高い社会であるかのように思われるけれども――、個々の自己責任に帰せられる度合も高くなる。個々人が自由な意志で決定したことは、自己決定した者自身が責任を負うべきだ、というのが新自由主義イデオロギーだからである。そして、このイデオロギーが正当化される――つまり多くの人々が当たり前だと思う――ためには、一定程度の選択肢が社会の成員に平等に開かれているように見せかけておかなければならない。

ミルが構想した自由主義は、もともと社会や国家による個々人の自由意志への侵害を最小限にしようという思想であったのに対して、新自由主義は、個々人が自由意志で物事を決定したり選択したりすることを促す。だから、新自由主義社会では、個々の人間は、「自分の夢を持ったり」「個性的であったり」「自分らしく生きたり」しなければならない。

例えば、「フリーター」は、一九八〇年代半ばに作られた言葉であるが、もともと「企業に縛られずに自由な生き方を志向する」最先端の若者たちを意味していた。それが今や

「フリーター」と呼ばれる人たちは、自分の将来に目的や展望を持てない若者や、叶うはずのない分不相応な夢を追いかけて現実をみない若者で、社会に不安をもたらす迷惑な存在として社会問題化されている。

けれども、フリーターが急増したのは、企業が若年者の正規雇用の割合を減少させた結果であって、仮に多くの若者たちが自分の目標を持って正規雇用の職業選択へと臨んだとしても、企業側が正規雇用の割合を増加させない限りは、フリーターの数が減少することなどありえない。注意しておかなければならないのは、「若者が自分自身の意志で将来の目標や夢を持って職業を現実的に選択できるような教育をしなければならない」というのが、フリーターを問題化する典型的な言説だということである。

個々人の自由意志――夢や個性や自分らしさ――を社会や国家が制限することが問題だったミルの時代とは異なり、個々人の自由意志を構成することが社会や国家の課題となったのである。一定数の人たちが必然的に被る不幸な結果は、社会や国家の問題や責任ではなく、自由意志で選択した個人の責任であることを、多くの社会成員が信じ、不幸な結果を被った当人自身がそう信じることほど、新自由主義社会の強者にとって都合のいいことはないからである。

前節で引いたように、「人によって自由の程度は異なる」と言うバウマンは、人それぞれが所有している資源や選択の幅が不平等に分配されていることを指摘したが、A・センは――資源や選択の幅以外にも自由の不平等化を決定づけている――さらなる問題を明らかにするために、潜在能力[★13]（capability）というカテゴリーを用いている。

資源や基本財の所有を平等化させることは、必ずしも各人によって享受される実質的な自由が平等化されることを意味しない。なぜなら、資源や基本財を自由へと変換する能力には個人差があるからである。［Sen,1992=1999:49］

潜在能力とは、第一に価値ある機能を達成する自由を反映したものである。それは、自由を達成するための手段ではなく、自由そのものに直接、注目する。そして、それはわれわれが持っている真の選択肢を明らかにする。この意味において、潜在能力は実質的な自由を反映したものであると言える。［Sen,1992=1999:70］

センが潜在能力（capability）というカテゴリーを用いて明らかにしようとしたのは、仮に同じように資源や選択の機会を持っていても、それらを活かすことができる個々人の能力そのものが、予め――階層差に象徴されるように――不平等に分配されているという問題である。また、センは、「よりたくさんの選択肢を持っているということが、常に、その人がしたいことをする自由を広げることには必ずしもならない」〔Sen,1992=1999:94〕と言う。

　あるタイプの選択は、生きることの価値ある部分であり、それを大事にするもっともな理由がある。しかし、価値を認める大した理由もないような選択もあり、それを処理するのを義務づけられることは時間と労力の損失となるから、それに抵抗するのはもっともなことである。〔Sen,1992=1999:95〕

　センの自由論は、経済的な貧困国へ中心的な照準を合わせた議論であるにも拘わらず、現代日本社会における自由の問題を考察する際にも有効である。

　いくつかの選択肢を目の前に置かれたとき、私たちは、しばしば幾何か自由であるかのような錯覚を覚える。例えば、喉を潤そうと入ったコンビニで、たまたま一種類の茶と数種類のミネラルウォーターが陳列されていれば、多くの人は複数のミネラルウォーターから買うべき飲料水を選択するであろう。この程度の選択肢が社会に溢れかえっているとしたら、果たしてそれを「自由な選択」と呼べるだろうか。

★13　齋藤純一は、センの capability 概念には、「潜在能力」よりも「生き方の幅」という訳語のほうが適切だと指摘している〔齋藤、2005、37 頁〕。

7 不自由を生きる自由

バウマンやセンが指摘したように「自由が不平等に配分されている」現代社会では、自己決定や選択は、もはや自由な行為とは呼べないだろう。

自由な気分や感覚を味わうことと、自由であることは、必ずしも同じであるとは限らない。

溢れるほど陳列された選択肢を前にして、「何て不自由な」と滅入るほうが自由であるのかもしれないし、あるいは、何も選択しないという選択をできるほうが自由であるのかもしれない。なぜなら、現実の社会では、どれを選択しても、全て外れクジでないという保証はないのだから……。

逆に、ある選択がいくら良い結果をもたらしたとしても、それがあらかじめ予測されたものであったとすれば、自由とは言えない。こうした外れクジのない抽選会は安売りのスーパーマーケットでもよく出会すだろう。

そうであるならば、自己決定や選択をすることによって、幾何か自由であるかのような気分を味わってしまうことのほうが、より不自由な存在として拘束されていることを示している。

自由に関して思考を巡らせることは、いつも人間社会がいかに不自由であるかを明らかにすることへと帰着する。けれども、不自由であることを思考できるという事実こそ、人間が自由であることを示している。おそらく、「自由を経験すること」は、人間個々の主観にとって、あまり幸福なものではないだろう。なぜなら、自由の経験は、これまで出会ったことのないような異質な他者（の行為）に遭遇したり、自らの行為が全く予期しなかったような結果に帰着したりするものだからである。

アーレントが言うように「人間である＝自由であることが奇蹟」だとすれば、奇蹟は、人間社会が徹底的に不自由さと向き合い、自由への困難さを見極めた果てに起こるのかもしれない。ただ、私には、アーレントのように奇蹟を信じて待つことはできそうにない。

それでも私にできることがあるとすれば、不自由な人間社会を見極めようと足掻くことだけである。人間にとって、不自由であることを自覚できないほど不自由なことはない。不自由を生きることを運命づけられているからこそ、人間は自由であるのだから……。

文献

Arendt, Hnnah, 1954→1968, *Between Past and Future: Eight Exercises in Political Thought* (*New and Enlaged Edition*), Penguin Books（＝引田隆也・齋藤純一訳『過去と未来の間――政治思想への8試論』みすず書房）

Bauman, Zygmunt, 1990, *Thinking Sociologically*, Basil Blackwell（＝一九九三、奥井智之訳『社会学の考え方』ＨＢＪ出版局）

Berger, Peter L., 1963, *Invitation to Sociology*, Doubleday & Company Inc.（＝一九七九、水野節夫・村山研一訳『社会学への招待』思索社）

Berger, Peter L. & Stanley Pulluberg, 1965, "Reification and the Sociological Critique of Consciousness", *History and Theory*, 4（＝一九七四　山口節郎訳「物象化と意識の社会学的批判」『現象学研究』2）

Berlin, Isaiah, 1969, *Four Essays on Liberty*, Oxford University Press（一九七一→二〇〇〇、小川晃一・小池銈・福田歓一・生松敬三訳『自由論』みすず書房）

Bolz, Nobert, 1997, *Die Sinngesellshaft*, München-Düsseldorf GmbH（＝一九九八、村上淳一訳『意味に餓える社会』東京大学出版会）

Dahrendorf, Ralf, 1959, *HOMO SOCIOLOGICUS. Ein Vevsuch zur Geschichete, Bedeutung und Critik der Kategorie der sozialen Rolle*, Westdeutscher Verlag（＝一九七三、橋本和幸訳『ホモ・ソシオロジクス――役割と自由』ミネルヴァ書房）

Fromm, Erich, 1941, *Escape from Freedom*, Farrar & Straus（＝一九五一、日高六郎訳『自由からの逃走』東京創元新社）

井上俊、一九九二、『悪夢の選択――文明の社会学』筑摩書房

Mead, George Herbert, 1932, *Mind, Self, and Society; from the Standpoint of a Social Behaviorist*, The Univrsity of Chicago Press（＝一九七三、稲葉三千男・滝沢正樹・中野収訳、『精神・自我・社会』青木書店）

Mill, Jhon Stuart, 1859, *On Liberty*, Parker（＝一九七一、塩尻公明・木村建康訳『自由論』岩波文庫）

折原浩、一九六九、『危機における人間と学問　マージナル・マンの理論とウェーバー像の変貌』未来社

Park, Robert E., 1928, "Human Migration and the Marginal Man", *The American Journal of Sociology*, 33-6（＝一九八六、「人間の移住とマージナルマン」町村敬志ほか編訳『実験室としての都市』御茶の水書房）

Park, Robert E., 1929, "The City as Social Laboratory", T.V.Smith & L.D.White Eds., *Chicago: An*

Experiment in Social Science Research, University of Chicago Press（＝一九八六、「社会的実験室としての都市」町村敬志ほか編訳『実験室としての都市』御茶の水書房）

齋藤純一、二〇〇五、『自由』岩波書店

Sen, Amartya, 1992, *Inequality Reexamined*, Oxford University Press（＝一九九九、池本幸生・野上裕生・佐藤仁訳『不平等の再検討』岩波書店）

志村哲郎、一九八四、「役割論に関する一考察――ホモ・ソシオロジクスをこえて」『ソシオロジ』二八－三（八九）

Shutz, Alfred, 1964, *Collected Paper II, Studies in Social Theory, Partt II; Applied Theory*, The Hague（＝一九八〇、桜井厚訳『現象学的社会学の応用』御茶の水書房）

Simmel, Georg, 1908, *SOZIOLOGIE. Untersuchungen über die Fomen der Vergesellchaftung*, Duncker & Humblot（＝一九九四、居安正訳『社会学　上巻・下巻』白水社）

Simmel, Georg, 1903, "Die Großstädte und das Geistesleben", *Jahrbuch der Gehestiftung IX*（＝一九九八、居安正訳「大都市の精神生活」『社会分化論　宗教社会学　新編改訳』青木書店）

Wirth, Louis, 1938, "Urbanizm as a Way of Life", *The American Journal of Sociology, 44"*（＝一九六五、鈴木広訳「生活様式としてのアーバニズム」『都市化の社会学』誠信書房）

column

自由からの逃走／自由への闘争

歴史は繰り返す

大講義室で授業をしている時、携帯電話の画面を何度もチェックする学生たちを見ながら、Ｅ・フロムの『自由からの逃走』を思い出したのは、今から一〇年近く前のことだろうか。

近代資本主義社会は、共同体や家や教会や国家など封建社会による束縛から個々人を解放した。しかし、束縛を解かれた個々人が「……への自由」を見いだせないとき、自由は孤独感や無力感へと変質していく。孤独感や無力感に覆われた時、多くの人間はいとも安易に大きな権威へと一体化することで共同性を獲得しようと躍起になり、ここにナチズムを実現してしまう社会的性格が誕生する［From, 1941＝1951］。

大学に入学して間もない頃に読んだ『自由からの逃走』は、大衆がナチズムやファシズムを生み出すのに荷担していくあり様を見事に描き出していた。その一方で、フロムが人間社会の可能性を賭けた友愛は、どこでファシズムへの熱情と転化しても不思議でないほど脆いものだ、とも思った。

誰かと繋がっていると確認することによって得られるであろう束の間の安心感は、やがて訪れるであろう自分の将来・未来に対する不安をいつまで払拭させることができるのか。誰かと繋がっていたいという思いが孤独感や無力感の裏返しであるとしたら、「……への自由」を見いだせなければ、大きな権威が登場する条件は整っている。フロムがナチズムの登場を分析した一九二〇年代〜三〇年代のドイツ社会に、何故か現代社会の情況は重なって見えてしまう。

これまで偉大な思想家たちは「歴史は繰り返す」と何度も警告してきた。つまり、過去に起こった出来事は、同じような経過を辿って何度でも起こりうるのだと……。とすれば、人間社会は、再び「自由からの逃走」を繰り返してしまうのかもしれない。もしそれが避けられないのであれば、一度目の悲劇を描き出すチャンスにフロムが直面したように、私たちは、今、二度目の喜劇★[10]を目撃する歴史的瞬間に立ち会っていることになる。そうであるならば、この歴史的な瞬間を見届ける絶好の機会をみすみす取り逃がす手はないだろう。

自由であることの不安

永野潤によれば、J・P・サルトルは、断崖絶壁を歩いている人間が抱く不安から自由を論証したと言う［永野、二〇〇三、九〇〜九三頁］。

崖から落ちる可能性は石と同じであったとしても、崖から落ちないように企てることができる人間には「崖から落ちない可能性（私の可能性）」を生み出すことができる。崖から落ちるか落ちないかは、人間にとって私次第で自由となる。さらに、人間は「崖から身を投げることもできる」。それも自由だし、それを避けることも自由だ。つまり私次第。だからこそ、人間は崖から「落ちるかもしれない」「身を投げるかもしれない」と不安を抱く。この不安は、自由に対する不安に他ならない、と。

そして、人間は、不安から目をそらして自己欺瞞[★02]へと陥ることもできる。崖から落ちる可能性も、崖から落ちない可能性も、崖から身を投げる可能性も、考えないようにすることが、人間には可能だ。けれども、考えないようにすることは、私の企てであり、私次第であることから――自己欺瞞へと陥っても――、人間は自由から逃れることはできない。

サルトルが論証した自由は、フロムの言う「自由からの逃走」と矛盾するものではない。なぜなら、人間は、自由からの逃走を試みることができ

★01　K・マルクスは『ブリュメール一八日』の冒頭で、「歴史が二度繰り返す」と言ったヘーゲルに対して、「彼は、一度は悲劇として、二度目は茶番として、とつけくわえるのを忘れた」［Marx, 1886 = 1971:17］と書いている。

★02　「自由」や「不安」から目をそらして生きている人間の日常的態度をサルトルは「自己欺瞞」と呼んだ［永野、二〇〇三、九四頁］。

るからといって、自由から逃れられるわけではないからである。

崖から落ちる可能性も、崖から落ちない可能性も、崖から身を投げる可能性も、それらはみな「可能性である」限りにおいて私次第であるにすぎない。なぜなら、可能性はあくまでも可能性であって、実際に起こる——崖から落ちる／落ちない——事実を保証するわけではない[★03]し、人間には、すでに生起した——崖から落ちた／落ちなかった——事実を避けられる可能性などないからである。厳然たる事実は、私次第ではないのだ。

だから、不安を抱きつつそれを真っ正面から受け止めて生きる人間と、不安から目をそらして自己欺瞞的に生きる人間との間にも、私次第ということからは両者に違いは存在しない。どちらも不安を感じていることでは自由であるのだから……。けれども、不安を感じずに——あるいは感じることが出来ずに——生きる人間は、「自由である」とは言えない。

斜に構える自由

「貧すれば鈍する[★04]」とは上手く言ったものだ。他人のことばかりではなく、私自身の経験に照らしてである。この「貧すれば」というのは、全くの極貧を意味しているわけではない。つまり完全な欠落ではなく、中途半端な不足——世間体を気にする程度の貧しさ——を意味しているのである。中途半端に不足しているから、他人を気にして、あれこれ帳尻を合わせようと焦って、浅はかな考えに及んだり品性を欠いた顛末へと至ってしまうのだ。

一九四一（昭和一六）年元旦の『日記』に、永井荷風は以下のように記している。

> 炭もガスも乏しければ湯婆子を抱き寝床の中に一日をおくりぬ。昼は昨夜金兵衛の主人より貰ひたる餅を焼き夕は麺麭と林檎とに飢をしのぐ。思へば四畳半の女中部屋に自炊のくらしをなしてより早くも四年の歳月を過したり。始は物好きにてなせしことなれど、去年の秋ごろより軍人政府の専横一層甚だしく世の中遂に一変せし今日になりて見れば、むさくるしく又不便なる自炊の生活その折々の感慨に適応し今はなかなか改めがたきまで嬉しき心地のせらるゝ事多くなり行けり。時雨ふる夕、古下駄のゆるみし鼻緒切れはせぬかと気遣ひながら崖道づたひ谷町の横町に行き葱醤油など買うて帰る折など、何とも言へぬ思のすることあり。哀愁の美徳に酔ふことあり。此の如き心の自由空想の自由のみはいかに暴悪な政府の権力とても之を束縛すること能はず。人の命のあるかぎり自由は滅びざるなり。[★05]〔永井、一九八一、一二九頁〕

身のまわりの世話をしてくれていた女中に逃げ

★03 可能性さえ考えられないような事実が人間社会に生起するからこそ、アーレントは「人間である＝自由である」ことが奇蹟だと言ったのである。

★04 『大辞林（第三版）』によれば、「貧乏すると、世俗的な苦労が多いので、才知がにぶったり、品性が下落したりする」ことを言う。

られた荷風は、自炊暮らしの不便さを「軍人政府の専横」の不自由さに重ねて、その不便・不自由な生活を「嬉しき心地のせらる、事多くなり行けり」と楽しんでいるかのごとく『日記』に記している。お気楽な高等遊民の痩せ我慢にすぎないと思えるかもしれない。[★86] かりにそうであったとしても、ここには荷風による自由への気づきが見事にまで洗練されて記されている。時雨の降る中を、古くなった下駄の鼻緒が切れないだろうかという不安を抱きつつ、葱や醤油という日常生活品を買い出しに崖道を行き帰りする時、「何とも言へぬ思のすることあり」と記した荷風は、不便・不自由・不安を生きる中で、自由に気づき、それを文士としての「自由空想の自由」へと重ねて、「人の命のあるかぎり自由は滅びざるなり」という決意表明をしているのである。荷風の貧が中途半端な貧であるとするならば、なお一層のこと、貧しても鈍しない反骨精神の強靭さを感じずにはいられない。

そして翌一九四二（昭和一七）年元旦の『日記』では、荷風は以下のように記している。

> 郵便受付箱に新年の賀状一枚もなきは法令の為なるべし。人民の従順驚くべき悲しむべし。野間五造翁ひとり賀正と印刷せし葉書を寄せらる。翁今尚健在にて舊習を改めず。喜ぶなり。〔永井、一九八一、二四七頁〕

ついに「暴悪な政府」は、年賀状さえも自粛するよう促したのであろう。ただ、荷風がここで嘆いているのは、「暴悪な政府」ではなく、それにいとも簡単に屈してしまった人民の従順さである。[★07] さらに、あえて賀正と印刷した葉書を寄こした老人がひとりあったことを喜ぶ。もちろん、「翁今尚健在にて舊習を改めず」の喜びは、時勢の変化に際しても賀状の習慣を改めない精神の健在と、老人自身が健在であることを、同時に知る喜びである。

おそらく荷風の生き方を考えれば、彼自身は旧習に囚われることに煩わしさを覚えこそすれ、平

★05　『断腸亭日乗』からの引用部分は、明らかな誤字を修正し、旧字体を新漢字に代えてある。

★06　草森紳一は、この日の荷風の『日記』に関して、以下のように指摘している。

「「不便」が「嬉しき心地」となる逆転の境地とは、痩せ我慢の強弁とも他から見えるにしても、あえて強靭な魂に成長していると観察すべきであろう。親の財産があるから、そんなことをうそぶいていられるのだ、という俗弁も可能だが、「軍人政府の専横」によって、金がおろせぬようになる不安や、金があっても物不足の情況が彼を圧迫している。「その折々の感慨に適応」する実践こそが、「嬉しき心地」だというのである。」〔草森、二〇〇四、六七四頁〕

★07　草森紳一は、この『日記』を以下のように解釈している。

「荷風は、日ごろから賀状の習慣を虚礼であると思っていたはずだが、彼が腹を立てたのは、硬直した軍部のお達しよりも（年賀状の奨励で国家財政の一助とさえしない潔癖と無能）、長いものに巻かれろの「人民の従順」さである。」〔草森、七一〇頁〕

素に旧習などを重んじるような性格ではなかったはずである。とすれば、ここにも荷風の気づきがあった、と言えるだろう。政府の号令ひとつで、ほとんどの人間が旧習を廃してしまう中、淡々とおのれの旧習を貫き通す老人一人の賀状に、荷風は自由を発見しているのである。

　こうした荷風のような態度は、世間や社会に対して斜に構えたものに映るかもしれない。「斜に構えた奴」という非難は、たいてい常識的な態度を装う人々から「物事に対して正面から対応せず皮肉な態度をとる人間」という意味でなされる。けれども、実際には、常識に囚われてしまうと、物事に正面から対応できない場合が多いのではないか。

　「斜に構える」とは、もともと「剣道で刀を敵に対して斜めに構える」が転じて、「物事に対して身構える」「改まった態度をする」という意にも用いられるようになった言葉である[★08]。強大な敵に相対して、「貧すれば鈍する」と降参してしまうのが常識的態度であり、「貧しても鈍せず」と身構え、改まった態度で臨むことこそが「斜に構える」ことに他ならない。「斜に構える」他者への非難は、他者の自由に対する怖れと、不自由な自己に気づいてしまうことへの脅威とが転じたものである。

　思うに、私たちが生きている現代社会には、中途半端な自由さと、中途半端な不自由さが混在している。それゆえに「……への自由」や「自分らしさ」を発見することは、容易ではない。重要なのは、「……への自由」や「自分らしさ」を無理矢理探し出そうとすることではなく、「……への自由」「自分らしさ」という耳障りのいい言葉が流布されていくことに対して斜に構えてみることである。

斜に構える自由とは、中途半端な自由の中に潜む不自由を発見し、中途半端な不自由の中で改めて自由を見いだそうと身構える「自由への闘争」なのだ。

文献

From, Erich, 1941, *Escape from Freedom*, Farrar & Straus（＝一九五一年、日高六郎訳『自由からの逃走』東京創元新社）

草森紳一、二〇〇四、『荷風の永代橋』青土社

Marx, Karl, 1869, *Der 18. Burumaire des Louis Bonaparte*,（＝一九七一年　村田陽一訳『ルイ・ボナパルトのブリュメール一八日』大月書店）

永井壯吉、二〇〇二、『断腸亭日乗　五』岩波書店

永野潤、二〇〇三、『サルトル』ナツメ社

★08「斜に構える」とは、国語辞典では以下のように説明されている。剣道で、刀をななめに構える。転じて、身構える。改まった態度をする。また、正面から対応せず、皮肉な態度をとる意にもいう。『広辞苑　第五版』

epilogue

浮気な心に終わらない旅を

人は誰でも心に思うことを決して止めることはできない。それがどれほど不埒なものであったとしても……。

社会学という学問は、「あるべき」真理へと到達しようとする学問ではない。社会学は、目の前にある現実が別様にも有り得ることや、日常生活において自明だと思われている事柄が必ずしも当たり前でないことを明らかにしようとする学問である。人が心に思うことを手掛かりとして、今ある社会とは違った社会の方向性を模索していくことが、社会学の課題である。だから、社会学的な思索は、祭り囃子に誘われるように擡《もた》げた浮気な心で日常を離れ、転々と終わらない旅を続ける。

本書は、私にとって、一〇年ぶりの単著である。実のところ、もっと早く書き上げてしまう予定だった。前著『社会学者は2度ベルを鳴らす』を出して以降の一〇年間は、ジェットコースターに乗っているような感覚で、遑遑とした日々がアッと言う間に過ぎてしまったような気がする。もちろん、大学での雑事が激増したのも、執筆作業を遅らせた一つの言い訳になるが、遅延に遅延を重ねた最大の理由は、私自身の浮気性によるものである。

研究者としては、研究テーマを限定して絞り込んで探求していくのがあるべき姿であろうが、あれもこれもと飛びついて大風呂敷を広げてしまい、気がつくと収拾がつかない状態に陥っていた。

珈琲屋に参与観察調査と称して修行に入り、業務用焙煎機を自宅に持ち込んで、自家焙煎をしながら、珈琲社会学まで始めてしまったのだから、もう始末に負えない。

幼少の頃からずっと不規則な生活をしてきたのに、魔が差したように犬を飼ってしまい、規則正しい犬の生活に翻弄されて、私の生活はさらに不規則を極めた。

こんな生活の中で書かれた原稿を初めて読んだ編集者・夏目裕介さんから「タイトルのキーワードとして浮気を使いたいが迷っている」と相談された時、彼の迷いを断ち切るように背中を押して二つ返事で了承してしまったのも、いま思えば自然の成り行きだった。

私が原稿を大幅に遅らせたために、本書が出来上がるまでには、二人の編集者の手を煩わせることとなってしまった。

松籟社の編集者だった竹中尚史さん（現在、洛北出版）から「『社会学者は2度ベルを鳴らす』の続編を出しましょう」という嬉しいお誘いをいただき、竹中さんの御尽力によって、本書の骨格となるテーマが出来上がった。その後、遅々として原稿が進まない私に対して、竹中さんからは、繰り返し執筆を促す激励をいただいた。もし、竹中さんから見捨てられていたら、本書が世に出ることはなかったであろう。

竹中さんが松籟社を退社されることになり、二〇〇六年三月に、夏目さんへと本書の編集は引き継がれることになった。竹中さんには、原稿を遅らせてしまったことをお詫びするとともに、心よりお礼を申し上げたい。

身から出た錆で編集者の交代という不測の事態を引き起こしてしまったことから、結果として、いよいよ引き返せない情況へと追い込まれたのがようやく自分で飲み込めたのかもしれない。

途中から編集を引き受けてもらった夏目さんには、各草稿に対して丁寧なコメントをいただくとともに、本論に収まらない原稿をコラムという形で活かすという素敵な提案をしていただいた。夏目さんからの適切なアドバイスがなければ、本書が一冊の本として辛うじて体裁を保てるようなものに仕上がることはなかっただろう。そして、何よりも本書に共通するテーマ「浮気な心」を発見して下さったのも、夏目さんである。

尚、本書のタイトルは、夏目さんと私とが試行錯誤した挙げ句に拈り出した合作である。ちなみに、「○○に××を」という形式は、一九七四年一〇月〜一九七五年三月にかけて二六回放送されたドラマ『傷だらけの天使』（日本テレビ）が各話のタイトルに共通で用いたものから拝借したものである。過激な性描写のために、初回放送予定の作品が完成しても放送されずにお蔵入りしたという逸話をもつ『傷だらけの天使』は、各回に深作欣二、恩地日出夫、神代辰巳、工藤栄一ら当時の日本映画界を代表する監督を起用して制作された完成度の高いテレビドラマだったが、その放送当時は低視聴率の上「有害番組」というレッテルまで貼られた。なぜか「自由」という言葉を聞くと、いつも真っ先に思い浮かぶのが、出口のない自由を徹底して描いた『傷だらけの天使』である。いま手元にあるDVDのパッケージを見たら、何度も繰り返し観た最終回のタイトルは「祭りのあとにさすらいの日々を」だった。

本書は、社会学的思索を試みたものであるため、通常の社会調査によって収集されたデータを用いていない。けれども、私のゼミに集った学生・卒業生等々から、貴重な話を数多く聴かせてもらい、それらが思索のヒントとなったことに感謝したい。

最後に、本書が、硬派の学術書を出版し続けている松籟社から出版していただけるという光栄に恵まれたことを、相坂一社長に感謝したい。一〇年前、相坂さんからいただいた「一緒に心中しましょう」という暖かい励ましの言葉は、私にとって、何度も挫けそうになりながらも諦めずに執筆へと向かう原動力となった。

願わくは、本書で試みた社会的思索への誘惑が読者たちを唆し、浮気な心に終わらない旅をもたらしますように!!

雪降る気配さえない暖冬の二〇〇七年二月二六日　中根光敏

著者紹介
中根 光敏（なかね・みつとし）**NAKANE Mitsutoshi**
広島修道大学人文学部教授

主著
『珈琲飲み――「コーヒー文化」私論』（洛北出版、2014年）
『社会学者は２度ベルを鳴らす――閉塞する社会空間／熔解する自己』（松籟社、1997年）
『専門家が語る！　コーヒー　とっておきの話』（共著、旭屋出版、2023年）
『グローバル化と生活世界の変容』（共著、いなほ書房、2022年）
『社会学する原動力』（共著、松籟社、2019年）
『社会学に正解はない』（共著、松籟社、2003年）
『場所をあけろ！――寄せ場／ホームレスの社会学』（共著、松籟社、1999年）
など

浮気《うわき》な心《こころ》に終《お》わらない旅《たび》を――社会学的思索《しゃかいがくてきしさく》への誘惑《ゆうわく》

2007年4月1日初版発行
2024年4月1日第10刷発行

定価はカバーに
表示しています

著者　　中根光敏
発行者　相坂　一

〒612-0801　京都市伏見区深草正覚町１－34
発行所　㈱**松　籟　社**
SHORAISHA（しょうらいしゃ）

電話　075-531-2878
FAX　075-532-2309
振替　01040-3-13030

印刷・製本　モリモト印刷（株）

Printed in Japan

ISBN 978-4-87984-251-0 C0036

社会学する原動力
田中 慶子・中根 光敏 著
46 判並製・256 頁・本体 2000 円

どんなムチャぶりにも、いつも笑顔で?!
――日雇い派遣のケータイ販売イベントコンパニオンという労働
田中 慶子 著
46 判並・264 頁・本体 2000 円

コミュニティ・ユニオン――社会をつくる労働運動
文 貞實 編著
A5 判並製・344 頁・本体 2400 円

不埒な希望――ホームレス／寄せ場をめぐる社会学
狩谷 あゆみ 編
46 判並製・320 頁・本体 2200 円

増補改訂版 無意識の植民地主義
――日本人の米軍基地と沖縄人
野村 浩也 著
46 判並製・416 頁・本体 2600 円

植民者へ――ポストコロニアリズムという挑発
野村 浩也 編
46 判並製・512 頁・本体 3200 円

2024 年 3 月末現在
別途消費税がかかります